SAÚDE E ORAÇÃO

*A busca da cura
e do autoconhecimento pela fé*

VALDELENE NUNES DE ANDRADE PEREIRA

SAÚDE E ORAÇÃO

*A busca da cura
e do autoconhecimento pela fé*

EDITORA
SANTUÁRIO

Direção Editorial:	Pe. Fábio Evaristo R. Silva, C.Ss.R.
Conselho Editorial:	Pe. Ferdinando Mancilio, C.Ss.R. Pe. Marlos Aurélio, C.Ss.R. Pe. Mauro Vilela, C.Ss.R. Pe. Victor Hugo Lapenta, C.Ss.R. Avelino Grassi
Cooerdenação Editorial:	Ana Lúcia de Castro Leite
Copidesque:	Tatianne Francisquetti
Revisão:	Mônica Reis
Diagramação e Capa:	Tiago Mariano da Conceição

Dados Internacionais de Catalogação na Publicação (CIP)
(Câmara Brasileira do Livro, SP, Brasil)

Pereira, Valdelene Nunes de Andrade
  Saúde e oração: a busca da cura e do autoconhecimento pela fé / Valdelene Nunes de Andrade Pereira. – 1. ed. – Aparecida, SP: Editora Santuário, 2017.

  ISBN 978-85-369-0485-6

  1. Autoconhecimento 2. Espiritualidade 3. Fé 4. Oração 5. Medicina – Aspectos religiosos 6. Saúde – Aspectos religiosos I. Título.

17-02736   CDD-248.8

Índices para catálogo sistemático:
1. Saúde: Aspectos religiosos: Cristianismo 248.8

1ª impressão

Todos os direitos reservados à **EDITORA SANTUÁRIO** – 2017

Rua Pe. Claro Monteiro, 342 – 12570-000 – Aparecida-SP
Tel.: 12 3104-2000 – Televendas: 0800 - 16 00 04
www.editorasantuario.com.br
vendas@editorasantuario.com.br

"Disseram-me que há mais gente crendo menos.
Que a Ciência não precisa da Religião.
Não discuto qual das duas é melhor.
O que eu sei é que a verdade é bem maior."

(Padre Zezinho)

Sumário

Agradecimentos 11
Prefácio 13
Apresentação 17
Introdução: Alguns conceitos importantes 19

1. A religiosidade como ponte entre o médico e seu paciente 25
Introdução 25
Por que rezar pelos pacientes? 27
O que eu tenho, doutor? 30
Conclusão 34

2. Milagres existem? 37
Introdução 37
Os milagres e a Ciência 39
Os milagres e a fé do cristão 42
Milagres de todos os dias: quando só Deus é a resposta 44
Os relatos 45
A religiosidade popular vivenciada por intermédio dos santos da Igreja 48
    O primeiro santo brasileiro 48
    Frei Damião: um santo para o povo nordestino 52
    Padre Ibiapina 56
Conclusão 60

3. O mal também existe 63
Introdução 63

Doença da alma 64
Regimes que tentam afastar o homem de seu Criador 72
Os que perderam a capacidade de sonhar 74
Ateísmo e ceticismo 77
A oração pode prejudicar a saúde? 79
Conclusão 80

4. Sentimentos e atitudes que tomamos podem interferir na nossa saúde? 83
Introdução 83
Sentimentos negativos produzindo efeitos desfavoráveis no nosso corpo 87
A atividade religiosa como auxiliar no controle das emoções 92
O perdão como antídoto para o sofrimento 94
Oração: remédio para o medo e para a ansiedade 99
O louvor e a alegria como antídotos para a tristeza 109
O perdão e a compaixão como formas de combate à raiva 116
Conclusão 118

5. O corpo fala por meio dos sintomas 121
Introdução 121
Os sintomas e as doenças como reflexo do interior humano 122
Conclusão 134

6. A saúde sob o ponto de vista das várias tradições religiosas 137
Introdução 137
A saúde sob o ponto de vista do catolicismo 138
Saúde e doença sob o ponto de vista do islamismo 141
Espiritualidade e saúde de acordo com a óptica zen-budista 142
Saúde e doença de acordo com a perspectiva judaica 143

Saúde, doença e espiritualidade de acordo com as concepções espíritas 145
A concepção de saúde e doença segundo o candomblé 147
Conclusão 148

7. Saúde e Religiosidade 153
Introdução 153
A Religião influenciando a saúde das pessoas: Deus nos cura 155
A oração e a meditação 156
A adoração 160
A intercessão 162
Altruísmo 163
A reza do terço 164
A comunhão: fonte de vida e libertação 165
A Eucaristia como remédio para todos os males que assolam a humanidade 167
A leitura de textos religiosos 168
Deus nos fala 169
A importância do perdão 169
A frequência aos cultos religiosos 170
A religiosidade e as questões de gênero 171
Religiosidade e nível de escolaridade 175
Conclusão 176

Considerações finais 179
Referências bibliográficas 183

Agradecimentos

Em primeiro lugar, agradeço ao Deus Todo-poderoso, único e verdadeiro, que nos envia o Espírito Santo para inspirar todas as coisas que fazemos.
Em segundo, agradeço aos meus pais o amor e a dedicação que me foram dados e, sobretudo, o exemplo de vida que me transmitiram, sempre pautado na honestidade e firmeza de caráter.
Agradeço de modo particular a minha mãe, Maria Leni (*in memoriam*), ter nos ensinado a viver neste mundo com os olhos na eternidade e ter nos deixado, de herança, o amor pelas coisas do Pai.
Agradeço ainda aos meus maiores amores: João Paulo, João Víctor, Mariana e João, simplesmente por existirem.
Agradeço enormemente a valiosa colaboração da professora Berta Lúcia e dos padres Bento Oliveira e Marcelo Monte, na elaboração final tanto desta obra como da anterior.
Finalmente, agradeço a todos aqueles que direta ou indiretamente contribuíram para a realização deste sonho que se transformou em livro.

Prefácio

Comecemos por afirmar que é muito gratificante saber que há uma nordestina empenhada na pesquisa e manifestação do tema "**Espiritualidade e saúde**". Com sua obra, nos sentimos mais contextualizados e analisamos que há um esforço em apresentar na história de fé do nosso povo, em sua cultura, em sua devoção e na história dos santos e dos que estão em processo de canonização a compreensão do ser humano na sua integralidade: corpo, alma e espírito.

A visão que o homem nordestino, mas não só ele, possui de si – visão na qual estão implicados os mitos, os saberes, as crenças, as dores e os sabores – é um sinal vivo de que a divisão cartesiana entre pensamento e corpo, a qual contribuiu para a visão fragmentada da pessoa em tempos modernos, precisa ser reavaliada. Faz-se necessário considerar outros olhares e discursos sobre o homem, se pretendemos ser honestos na busca de uma antropologia que não o reduza a um saber pontual. Urge uma genealogia dos saberes antropológicos, para ver os limites e a contribuição de todos, no que diz respeito a esse ser que resguarda sempre uma porção enigmática. Ciência e fé somente agora se abrem a um fecundo diálogo em vista de uma compreensão mais integral da pessoa humana.

Esta segunda obra de dra. Valdelene, *Saúde e oração: a busca da cura e do autoconhecimento pela fé*, está fascinante, e o texto, mais fluido. Reconhecemos sua seriedade em apresentar o tema "**Medicina e Espiritualidade**", independentemente do credo religioso, porque também aqueles que não creem poderão fazer bom proveito da obra, uma vez que reconhecerão que a abordagem do tema para a autora é mais importante que a concepção estanque desta ou daquela religião.

A fé, não aquela meramente exterior, criticada por Jesus de Nazaré no partido dos fariseus, é propulsora, e a história das religiões assim a apresenta. Ela é prospectiva e conduz a pessoa a uma autotranscendência. As dores, as crises, os infortúnios humanos podem, conforme todo o esforço da autora em apresentar, ser mais bem enfrentados e superados quando se tem um olhar de fé, de esperança sobre si e sobre o mundo circundante. Superando todo o perigo da alienação religiosa, podemos afirmar que a benesse da fé consiste em ser ela seta para o sentido de tudo. Com ela se tece uma teia, cujo centro é Deus; e este mesmo Ser centra aquele que o procura com sinceridade e verdade.

A obra em questão mostra quão fecundo é um profissional de saúde que enxerga o solo em que um paciente arquitetou sua existência. Seu olhar clínico não poderá ver apenas sua curva biológica em declínio por ocasião da doença. Ele haverá de, com objetividade e técnica, ver um corpo padecente, sintomático, mas ligeiramente deverá redirecionar seu olhar para a fragilidade ou robustez da referida teia espiritual; aí está sua curva existencial-espiritual. Ela será ascendente

em uma pessoa de fé; será seu impulso rumo à convivência, à aceitação, à superação da dor. Todo esforço da autora é demonstrar que essa curva espiritual deve ser potencializada.

A Medicina há de tirar as sandálias antes de pisar no solo de um ser padecente e não poderá semear drogas em um terreno do qual conhece apenas um aspecto. Há duas curvas: a **biológica**, oscilando entre bem-estar e mal-estar físicos, mas objetivamente decrescente, pois quando nascemos começamos a morrer; e a **existencial-espiritual**. Esta, quando potencializada pelo paciente e pelo seu médico, pode atingir picos altos de bem-estar e de alegria, de autotranscendência, de realização, mesmo quando o corpo biológico está em lamentável declínio. Com isso, a autora não sugere absolutamente o acento da abordagem espiritual sobre a abordagem medicinal. Apenas, conforme suas pesquisas e sua visão antropológica e de fé, analisa como perfeitamente possível e qualificadora a consideração da religiosidade para uma abordagem mais honesta da pessoa.

O educador Paulo Freire assinala a importância de considerar a realidade da pessoa antes de incidir qualquer conhecimento sobre ela. O saber médico, portanto, há de ver na espiritualidade um traço propulsor de superação e de cura.

Pe. Bento Oliveira de Almeida
Pároco da Paróquia Sagrado Coração de Jesus, Patos – PB
Graduado em Filosofia e Teologia
Graduando em Direito

Apresentação

O caminho da condição humana sempre comporta a busca pelo autoconhecimento, e o homem, no processo de feitura da vida, sempre se ocupa de meios que o ajudem a saber mais sobre si mesmo. A díade antropológica da fé e da Ciência é apresentada pela autora como caminho indispensável para o processo de cura e de autoconhecimento, fazendo com que todo homem caminhe guiado por essas duas asas indispensáveis pela história.

Não se pode compreender a existência humana que comporte um *divórcio* entre fé e Ciência; e, no campo da Medicina, o aporte da fé pode, sim, auxiliar no tratamento de doenças. A autora afirma abundantemente que o referido aporte se torna concreto pelo viés do acompanhamento médico humanizado, que permite as práticas do carinho e do cuidado aos pacientes, qualificando, pois, um processo mais acelerado de cura.

O livro se ocupa ainda em nos colocar diante da piedade eucarística. O Sacramento da Eucaristia é verdadeira fonte de *qualidade de vida* e de *libertação* para os males espirituais e sociais. O fiel que se alimenta do Corpo e Sangue de Cristo é alcançado pela graça da salvação e, por

isso, se revigora com a força do próprio Cristo, principalmente quando tem de passar pela prova da enfermidade.

O tema "**Saúde e oração**" facilmente nos remete a uma expressão oportuna do papa Emérito Bento XVI: "A fé ilumina a busca do homem, interpreta e humaniza, arrebatando a tentação do *pensamento calculista*, que instrumentaliza o saber e faz das descobertas científicas meios de poder e subordinação". Essa expressão tão rica nos leva a concluir que a condição humana reclama permanentemente a iluminação da fé sobre qualquer busca de conhecimento. O homem criado por Deus é capaz de desenvolver grandes conhecimentos científicos, instaurando não somente a cultura do progresso do espírito humano, mas também protagonizando a cultura da civilização do amor.

Pe. Marcelo Monte de Sousa
Pertence ao Clero da Arquidiocese da Paraíba (Paróquia Nossa Senhora Aparecida do Valentina, João Pessoa – PB)
Consagrado na Comunidade Católica Shalom

Introdução

Alguns conceitos importantes

Grün (2014b) fala dessa inspiração interior que nos impulsiona a tomar decisões e diferencia as atitudes oriundas da vontade divina daquelas que brotam do nosso próprio ego ou até mesmo de forças malignas, mostrando-nos que, na primeira opção, sobrevém uma sensação de paz interior associada a uma maior confiança. Decisões contrárias à vontade de Deus, por outro lado, são recheadas de medo, insegurança e estresse.

Dethlefsen e Dahlke (2007) definem **a saúde** como um estado em que o corpo mantém todos os seus órgãos e sistemas em perfeito funcionamento; já a **doença** seria para eles um desequilíbrio que compromete o funcionamento orgânico, manifestando-se por meio de sintomas que ocorrem mediante falhas de algum órgão ou tecido.

Esses autores não menosprezam as descobertas da Medicina tradicional, que apontam como causas de doenças os microrganismos vistos em laboratórios, mas chamam a atenção para outras possibilidades. Segundo sua concepção, o sintoma apareceria para chamar a atenção para a vida do indivíduo, que, de algum modo, não está satisfatória.

Algo o incomoda intimamente, mas ele insiste em ignorar aquilo que grita em seu subconsciente. Então surge uma dor, uma inflamação. Posteriormente, poderá surgir uma doença crônica, um processo incurável.

Na busca pela causa de certos sintomas, é fundamental procurar refletir sobre os acontecimentos e os pensamentos da época em que eles começaram a se manifestar. Quais eram as preocupações naquela ocasião? Muitas vezes teriam sido problemas corriqueiros do dia a dia, mas potencialmente ignorados, considerados sem importância.

Durante a evolução do homem, têm sido encontrados inúmeros registros históricos da íntima relação entre suas **concepções religiosas e a prática médica**. No Egito antigo, não se distinguia a Religião e a magia. Acreditava-se no poder curativo das mãos, o que é mostrado em diversos hieróglifos encontrados pelos cientistas. O tratamento de doenças na Mesopotâmia, no período compreendido entre 3200 e 1025 a.C., era feito com ervas e procedimentos mágicos, pois se acreditava que as doenças seriam provocadas por fantasmas que atacavam os seres humanos. Na Grécia antiga (1000 a 500 a.C.), as doenças mentais eram consideradas influências dos deuses sobre o ser humano. Com Platão (429-347 a.C.) apareceram as primeiras ideias de tratar a alma, e com Aristóteles (384-322 a.C.) esboçaram-se conceitos de Psicologia, surgindo então o holismo na Medicina (SAVIOLI, 2006).

Lambert (2011, p. 29), por sua vez, define **Religião** como:

> Uma organização que supõe, no fundamento da realidade empírica, uma realidade supraempírica (Deus, deuses, espíritos, alma...) com a qual é possível comunicar-se por meios simbólicos (preces, ritos, meditações etc.), de modo a procurar um domínio e uma realização que ultrapassam os limites de uma realidade objetiva.

Alves (2010, p. 9) possui uma visão mais poética sobre o **conceito de Religião**:

> Houve um tempo em que os descrentes, sem amor a Deus e sem Religião, eram raros. Tão raros que eles mesmos se espantavam com sua descrença e a escondiam, como se ela fosse uma peste contagiosa... Todos eram educados para ver e ouvir as coisas do mundo religioso... Mas alguma coisa ocorreu. Quebrou-se o encanto. O céu, morada de Deus e seus santos, ficou vazio. Virgens não mais apareceram em grutas. Milagres se tornaram cada vez mais raros e passaram a ocorrer sempre em lugares distantes com pessoas desconhecidas. A Ciência e a tecnologia avançaram triunfalmente construindo um mundo em que Deus não era necessário...

Mas, quando se esgotam os recursos técnicos e surgem questões sobre a morte e o sentido da vida, as pessoas recorrem a benzedores, sacerdotes, mágicos e outros que possam aliviar suas dores. Constroem altares, choram seus mortos, esperam pela imortalidade da alma ou pela ressurreição da carne, o que representaria um triunfo sobre a natureza. Desse modo, o corpo já não tem a última palavra e, como o homem é um ser desejoso, busca outras formas de satisfação que não sejam somente a comida ou o abrigo, mas a composição de uma sinfonia, o cultivo de uma flor,

a alegria em brincar de roda ou soltar pipa. E, finalmente, do seu dom de dar nome às coisas, surge o sagrado, elemento invisível, mas capaz de expulsar o medo e proteger do caos. Nasce então a **Religião**, como teia de símbolos e rede de desejos, tentando fantasticamente transubstanciar a natureza, por meio do poder, do amor e da dignidade do imaginário (ALVES, 2010).

Já a palavra "**espiritualidade**" deriva do latim *spiritus*, significando a parte da pessoa que controla a mente e o corpo. Ela é, portanto, tudo o que dá significado à vida, enquanto a **religiosidade** subentenderia a prática de rituais, incluindo orações, adoração, contemplação, penitência, comunhão, petição e graças (RIZZARDI; TEIXEIRA; SIQUEIRA, 2010). Para Grün (2014c), a espiritualidade é um caminho para o mundo interior do ser humano, no qual prevalecem o silêncio e a presença de Deus, podendo ser usada como refúgio nas situações de sofrimento.

Outro conceito importante é o da **fé**: experiência individual que acompanha o ser humano desde seu nascimento e o torna aberto à experiência transcendental, estabelecendo com um Ser superior uma relação íntima, capaz de dar à vida um novo sentido. Seria ainda a expressão da experiência religiosa, na qual o indivíduo sente-se capaz até de tocar em Deus, mesmo diante da obscuridade do mundo (PASQUOTO, 2015).

Tendo em vista o progresso atual, que possibilita à humanidade experimentar um leque enorme de possibilidades

para tentar prolongar a vida, a morte apresenta-se quase como um escândalo. Mas ainda não foi possível vencê-la: ela continua sendo o nosso fim derradeiro, a não ser para os que creem haver algo mais completo no destino do homem que não somente a vida material (JAVARY, 2014). Com esse intuito, de levar o leitor a uma reflexão sobre a importância da integridade corporal e espiritual, auxiliando-o nessa caminhada em busca do conhecimento do seu próprio "EU", elaborei esta obra. Espero contribuir com o plantio da vinha do Senhor, em que os frutos serão colhidos no tempo que Ele determinar. Afinal, assim é a nossa existência: cheia de esperas, sofrimentos, sorrisos, realizações. Mas, acima de tudo, uma grande bênção. Que possamos, juntos, desvendar um pouco desse universo idealizado por Deus: a vida humana.

1

A religiosidade como ponte entre o médico e seu paciente

Introdução

Tenho observado em minha prática clínica que a confiança estabelecida entre médico e paciente é uma das coisas mais importantes para o bom êxito do tratamento. Tive a oportunidade de estreitar os laços com muitos dos pacientes que acompanhei durante a minha pesquisa com hipertensos em Pedras de Fogo (PB) (PEREIRA, 2013), e tal opinião é corroborada por autores como Figueras (2012), que afirma ser tal relacionamento determinante do funcionamento ou não de um placebo. Ele cita um estudo em que foram observadas 200 pessoas, divididas em dois grupos:

> • Ao primeiro grupo foi dada uma substância sem qualquer efeito comprovado sobre determinada moléstia, mas com atitude positiva do médico, que estabeleceu uma relação de confiança com o doente.

- Ao segundo grupo foi ministrada a mesma substância, mas a atitude do profissional foi de incerteza em relação ao efeito da droga.

Resultado: no grupo 1, houve resposta positiva ao placebo em 64% dos casos, em contraste com apenas 39% do grupo 2. Tal resultado demonstrou quão determinante pode ser a atitude do profissional de Medicina sobre a evolução de uma enfermidade e quão particular é a resposta de cada sujeito frente a um mesmo tratamento.

O autor, anteriormente citado, enfatiza ainda que o cuidado com o doente é a verdadeira essência da Medicina, mesmo em uma época de exagerada automação nessa área. Segundo sua opinião, é fundamental a atitude de consolar, respeitar os limites de cada um e explorar valores, bem como criar um ritual durante a consulta.

Segundo Dossey (2012), uma das maneiras de aumentar a confiança do enfermo em relação a seu médico é a abordagem de aspectos da religiosidade do primeiro pelo último, pois o paciente se sente mais próximo do médico ao ser questionado sobre sua Religião. Ele percebe o interesse pela sua pessoa, pela sua vida, e isso quebra o gelo no relacionamento. A maioria absoluta dos entrevistados no estudo que desenvolvi durante o mestrado (PEREIRA, 2013) disse nunca ter tido sua religiosidade abordada antes por um médico, mas boa parte deles acha importante ser questionado sobre o tema durante uma consulta.

É de suma importância para o paciente que o médico lhe faça questionamentos sobre os diversos aspectos de sua vida, inclusive sobre sua religiosidade (DOSSEY, 2012), mas muitas vezes os profissionais de saúde não se sentem à vontade para abordar esse tipo de assunto no atendimento aos doentes. É importante cercar-se de alguns cuidados, procurando conhecer previamente o ambiente onde será desenvolvido o trabalho (MOREIRA-ALMEIDA; LOTUFO NETO; KOENIG, 2006), bem como respeitar as crenças do indivíduo, mantendo-se neutro ao assisti-lo (PERES; SIMÃO; NASELLO, 2007).

Por que rezar pelos pacientes?

A utilização da prática religiosa no tratamento de doenças é um assunto que divide opiniões. A opinião de que a oração deve ser empregada na terapêutica complementar não é unânime. Há opositores, tanto no meio científico como entre os leigos. Excetuando-se os casos de urgência, nos quais a vida humana está gravemente ameaçada, seria mais prudente que o doente manifestasse seu consentimento para que se rezasse por ele. Por incrível que possa parecer, existem indivíduos que recusam a oração direcionada à sua pessoa; por não acreditarem no poder da oração, julgam que os que rezam contra a sua vontade em seu benefício estão interferindo em sua vida de modo invasivo. Nos Estados Unidos, há pesquisas nessa área que utilizam dinheiro público, e, embora nem todos concordem com o uso desse recurso nesses estudos, a grande maioria da população o aprova (DOSSEY, 2015).

Algumas vezes, deparei com situações em que não pude atender o paciente, como ocorreu certa vez em que me chamaram para ver um idoso em seu domicílio, por estar tossindo muito. Não foi possível ir vê-lo naquele dia, e fiquei preocupada por tratar-se de uma pessoa impossibilitada de sair do leito. Podia ser uma pneumonia, pensei. Então rezei por ele, pedindo que Deus o curasse, e, ao visitá-lo na semana seguinte, constatei que ele estava bem. Pela descrição que me deram do seu quadro clínico, era realmente sugestivo de uma pneumonia, e o mais interessante foram as palavras do paciente: "Estive muito ruim, doutora, mas Jesus me curou".

Certa vez, trouxeram ao ambulatório de pediatria uma menina de aproximadamente 7 anos que padecia de uma dor no abdômen há alguns dias. Estavam aplicando soro em suas veias por não conseguir alimentar-se, e ela entrou no consultório nos braços de seu pai, pois não tinha forças para andar. Eu vi a gravidade do seu quadro estampada em seu rosto e, naquele momento, pensei em minha filha, Mariana, com a mesma idade. Encaminhei-a imediatamente a um exame de ultrassom e disse aos pais que era grave, provavelmente uma apendicite. Fui para casa naquele dia pensando na menina e pedi a Deus por ela, pelo sucesso de seu tratamento.

Após 15 dias, um jovem médico que trabalhava na urgência, próximo ao meu ambulatório, veio me cumprimentar pelo diagnóstico daquela menininha. Segundo seus relatos, o médico que a atendeu não acreditou na hipótese

diagnóstica que constava no meu encaminhamento e não queria realizar o exame, mas o fez mesmo a contragosto. E, para sua surpresa, ela estava, sim, com apendicite e precisava ser operada com a máxima urgência. Graças a Deus, tudo transcorreu com sucesso, e ela se salvou.

Certa vez, a médica que atuou como minha ginecologista e obstetra durante muitos anos me disse que nunca havia perdido nenhuma mãe e nenhuma criança em seus partos. Mas ela não se vangloriava: contou-me que consagrava todos os seus partos a Deus e atribuía a isso a razão de seu sucesso. Acredito que o relacionamento médico-paciente é enriquecido por esse tipo de intimidade criada entre ambas as partes, quando se compartilham os medos, as angústias e, principalmente, a fé religiosa. Todo indivíduo sabe que o outro vestido de branco pode salvá-lo, curá-lo ou não. Então, quando o profissional que o assiste se desarma de sua superioridade e assume que há alguém mais forte que ele, realmente dotado de poder, e que confia nele (Deus), o paciente também se agarra a essa fé.

Atualmente, a oração vem sendo apontada como recurso médico e científico por muitos pesquisadores. Uma prova disso são os 130 estudos desenvolvidos para demonstrar a eficácia da prece intercessora, com resultados favoráveis em cerca de metade deles (DOSSEY, 2015). Esse autor confessou em um de seus livros que preferiria ser atendido por um médico que rezasse, além de ser competente em sua área de atuação, é claro.

Nós, médicos, temos o saber limitado e não temos o domínio sobre a vida e a morte. É importante a noção de certa impotência frente a esses eventos naturais que fazem parte da existência humana, bem como a de que estamos ligados ao universo, a Deus. Então, se apelamos para Deus, para que Ele nos guie em nossas decisões, teremos mais chances de acertar nos diagnósticos e nos tratamentos escolhidos.

O que eu tenho, doutor?

Tudo ia bem na vida de "Seu Fulano". Os filhos já criados, casamento estável, faltando poucos anos para se aposentar. Poderia ficar mais com a família, viajar, fazer tantas coisas que desejava, mas que o trabalho não permitia. Então, começou a sentir certa queimação no estômago, uma indisposição. Logo ele que nunca parava, estava sempre fazendo alguma atividade, arrumando alguma coisa em casa. Pensou que não haveria de ser nada, pois nunca ficava doente. Mas aqueles sintomas começaram a incomodar; o estômago doía o tempo todo e o apetite passava longe: nem gostava de sentir o cheiro da comida. Resolveu, então, ir ao médico.

Procurou a médica do postinho perto de casa mesmo, pois não tinha plano de saúde. Ela lhe fez um monte de perguntas, lhe palpou o abdômen e por fim solicitou que fizesse alguns exames. "Seu Fulano" ficou preocupado. Aquela doutora lhe fizera muitas perguntas, e ele ficou meio zonzo. O que ele tinha, afinal? Seria grave? Pela primeira vez na vida estava receoso, pensativo, com medo.

Para a família não falou nada; ele estava escondendo a doença. No dia marcado, retornou à unidade de saúde. A médica olhou os exames e expressou um semblante sério. Era como se estivesse procurando as palavras certas para lhe dar uma sentença desagradável. Ele já não aguentava mais tanta ansiedade, até que deixou sair a clássica pergunta:

– **O que eu tenho, doutora?** É muito grave?

– Não posso enganá-lo, "seu João". É grave, sim. Mas não fique tão preocupado. Hoje em dia a Medicina está muito avançada. Existe tratamento para quase todo tipo de doença.

– A senhora está querendo dizer que estou com câncer, doutora? Então vou morrer?

– "Seu João"! A verdade é que todos nós morreremos um dia. Mas a data certa para tal acontecimento só quem pode determinar é Deus. No que depender de mim, o senhor não vai morrer agora. Vou encaminhá-lo para um especialista que vai cuidar muito bem do seu caso.

– Obrigado, doutora. Suas palavras já fizeram eu me sentir um pouco melhor. É bom saber que vou poder me tratar dessa doença, pois eu pensava que estava com meus dias contados.

– Como eu já lhe disse, "seu João", o senhor vai ser encaminhado a um profissional que vai cuidar muito bem de seu caso, e há chances de cura, pois felizmente procurou logo

ajuda. Mas o senhor terá que falar para seus parentes, pois eles terão um papel fundamental durante seu tratamento.

– Eu sei, doutora. Não vou mais poder esconder essa doença deles.

– Boa sorte, "seu João"! Deus vai providenciar sua cura. Pode confiar.

– Eu confio, sim, doutora.

Este é um exemplo fictício, mas retrata muitos casos verídicos neste nosso Brasil, pois a cada dia o câncer atinge camadas cada vez mais jovens da população. E nem sempre o desenrolar é assim tão animador: por conta de recursos escassos e profissionais nem sempre carinhosos, milhões de pessoas recebem verdadeiras sentenças de morte ao se descobrirem com câncer, a exemplo do que descreveremos a seguir.

Eram 3 horas da tarde quando dona Maria (nome fictício) finalmente conseguiu ser atendida no posto de saúde próximo à sua residência. Chegara às 6 horas da manhã para pegar uma ficha de atendimento, mas só conseguiu ser atendida no período da tarde. Entrou no consultório do médico e não recebeu nem um boa-tarde. Ele sequer convidou-a a sentar-se e logo perguntou:

– O que a senhora veio fazer aqui hoje? Diga logo, pois estou com pressa, ainda vou dar um plantão logo mais, à noite.

Dona Maria, que há três meses não se sentia bem, trazia em suas mãos o resultado de uma ultrassonografia do ab-

dômen, que lhe tirara o sono por quatro dias seguidos. Ele mal olhou o exame e sentenciou:

— A senhora tem um nódulo no fígado. Isso já não é comigo. Vou encaminhá-la a um hepatologista que cuidará do seu caso. Mas vou logo adiantando que isso aí não é coisa boa.

— Será que um banho de luz dissolve esse "caroço", doutor?

— Minha filha, isso aí não dissolve nem com reza. Tome seu encaminhamento.

Dona Maria foi chorando para casa. Não queria mais comer, não dormia. Foi definhando cada dia mais e, como a consulta com o especialista levou seis meses para ser marcada, faleceu antes mesmo de ter iniciado algum tipo de tratamento.

Esses são exemplos de tantos casos que acontecem pelo nosso país todos os dias. Uns têm desfecho favorável, outros não. Independentemente da gravidade da doença em questão (o câncer), quero destacar quão importante é a atitude do profissional perante o doente. Uns são sensíveis à situação e portam-se de maneira humanizada, carinhosa, dando ao paciente esperança, o que aumenta suas chances de cura. Outros se comportam de maneira grosseira, estúpida, sem o menor respeito pelo sofrimento daquele que está à sua frente, precisando de sua ajuda. Contribuem, portanto, para acelerar a morte do doente, como nesse último exemplo, baseado em um fato que infelizmente se passou com uma pessoa da minha família há muitos anos.

Autores como Navas, Villegas, Hurtado e Zapata (2006) acreditam que a relação que o médico estabelece com o doente oncológico é fundamental para o bom termo do tratamento. Também relacionam menor ocorrência de efeitos colaterais ao uso de quimioterapia nos pacientes que apresentam um maior relaxamento mente-corpo-espírito.

Conclusão

Encerrando esta temática, coloco aqui a observação que Grün (2006b) traz em seu livro, de que o mais importante quando Jesus curava os doentes não era o milagre em si, mas a maneira como Ele os tratava, ou seja, o carinho e a atenção com os quais se dirigia a eles. Ele libertou o cego de sua cegueira, o paralítico de sua imobilidade, o leproso de seu isolamento imposto pela sociedade excludente da época. Ele punha as mãos sobre, mas também "nos" doentes. Demonstrava por eles compaixão, ternura, solidariedade. Com suas atitudes, Ele conquistava a confiança daquelas pessoas, fazendo com que elas assumissem também a responsabilidade sobre sua cura e aceitassem a si mesmas. Jesus ensinava às pessoas que o procuravam que elas podiam curar-se e que tinham participação ativa nesse processo: "Vai, toma tua cama e anda" (Mc 2,11).

É algo bem interessante a ser feito hoje em dia, diante do conformismo de muitos doentes que esperam que o governo ou a equipe de saúde resolva tudo. Eles devem ser sempre bem tratados, mas também têm responsabilidade sobre seu modo de viver, podendo fazer opção pela cura ou pela doença.

Jesus assumiu para si duas figuras: a do médico que curava não somente o corpo, mas também o espírito, libertando o ser humano do pecado; e a do doente, ao se deixar crucificar e padecer no madeiro da cruz. Essa sim se constitui na real fonte de cura para todos os males que assolam a humanidade. Como previa o profeta Isaías, Cristo tomou sobre si todas as nossas enfermidades, pagando pelas nossas iniquidades. Assumia sempre, durante sua missão aqui na Terra, uma postura solidária para com o leproso, o cego, o paralítico; todos excluídos da sociedade judaica da época (JAVARY, 2014).

2

Milagres existem?

Introdução

A palavra "milagre" tem a mesma origem latina que a palavra "admirar", e ambas derivam do verbete *miror*. O dom de milagres é considerado pela Igreja Católica um carisma extraordinário, uma verdadeira bênção para o agraciado, reforçando sua fé e a de outros. Não se restringe às curas físicas, mas inclui também as espirituais, os fenômenos da natureza e certas situações. Os cientistas desejam uma comprovação científica para eles, o que não é possível, uma vez que o sobrenatural ultrapassa a compreensão humana, apenas pode ser vivido por meio da fé. O milagre aponta para Deus, nada revelando por si mesmo, e pode ser visto de diferentes maneiras: o homem de fé o atribui a Deus, enquanto os céticos responsabilizam as forças naturais do organismo. Outros acreditam que foi pura sorte. E há ainda os que, por pertencerem a uma Religião diferente, dizem que foi obra do diabo (MENDES, 2011).

O certo é que Deus não realiza milagres para provar quem é ou o seu poder. Ele o faz pura e simplesmente por ter misericórdia das mazelas humanas e para revelar algo sobrenatural. Como tal, apenas Deus pode realizá-los, e a fé e a obediência a Ele são condições exigidas para que o fenômeno aconteça. Essa obediência é apresentada como a participação humana no evento para que aconteça a graça pedida, bem como na purificação daquele que pede, por meio de modificações dos hábitos de vida que estejam em desacordo com o Evangelho (MENDES, 2011).

A Renovação Carismática Católica (RCC) conta com inúmeros agentes de cura espalhados pelo mundo, e um deles é o médico francês Philippe Madre, que viaja por vários países proclamando curas milagrosas, dentre elas a de uma jovem que estava havia cinco anos em uma cadeira de rodas por ter lesionado a coluna em um acidente. O milagre aconteceu em Ars, sul da França, em 1985. O médico orou com a moça em um evento carismático, e ela levantou-se da cadeira, voltando a andar diante de uma multidão de fiéis (SAVIOLI, 2004).

Ao deparar com acontecimentos inexplicáveis, o ser humano se choca, entra em crise, passando a refletir sobre o fato de que existem coisas que sua inteligência não explica e que seus olhos não veem. O milagre aquece o coração do homem com o fogo do Espírito Santo, levando-nos a acreditar inclusive que cada dia de vida aqui na Terra deve ser encarado como tal (MENDES, 2011).

É importante destacar que toda cura vem de Deus, tanto a miraculosa como aquela possibilitada por meio da Medicina, pois o nosso corpo é dotado de inúmeros mecanismos regenerativos naturais, graças à sua própria criação. Embora não possa mais, em nossos dias, ser atribuída ao demônio, a doença é definitivamente contrária aos planos de Deus, pois Ele só nos destinou bênçãos desde o início dos tempos. A cura obtida por meio de um milagre possui uma importante carga teológica, e as escrituras fazem menção àquelas realizadas por Jesus, demonstrando a importância do corpo na reflexão da fé cristã. A Igreja zela pela integridade corporal como um todo, não apenas no seu aspecto físico, mas também no eclesial, social, enfatizando que a cabeça do homem deve almejar o céu, ordenando-se ao que não passa (Deus), sempre com os pés fincados no chão, no mundo; ou seja, naquilo que passa (JAVARY, 2014).

Os milagres e a Ciência

A Igreja Católica tem sido muito prudente e, por que não dizer, muitíssimo exigente no reconhecimento dos chamados milagres, posição que merece o devido respeito da comunidade científica. Sempre que surge algum boato ou divulgação na imprensa a respeito de uma cura milagrosa, a Igreja reluta em aceitá-la como verdadeira, pois, se o fizesse deliberadamente, ficaria desacreditada. Até porque a fé católica não se fundamenta nem se sustenta na existência ou não de milagres, e sim na ressurreição de Cristo e na prática do santo Evangelho.

As aparições de Fátima, de Lourdes e de Guadalupe só foram aceitas mediante a análise criteriosa de especialistas, e os milagres atribuídos a elas foram exaustivamente estudados e documentados por médicos e cientistas. Uma boa prova disso foi o que se deu com a comprovação do primeiro milagre atribuído a uma santa canadense, que teve como pesquisadora responsável Jacalyn Duffin, uma renomada historiadora e hematologista daquele país (Canadá).

A cientista analisou sucessivas amostras de sangue de uma pessoa que estava com um grave tipo de leucemia, acreditando que a paciente já havia falecido, tão irreversível se apresentava o quadro. Qual não foi sua surpresa ao saber que se tratava de uma mulher que ficara curada e atribuía o fato a um milagre da beata Marie-Marguerite d'Youville.

O mais interessante nessa história é que a cientista em questão é ateia, casada com um judeu. A mulher que foi agraciada com o milagre pediu-lhe então que fosse ao Vaticano depor sobre seu caso. Ela relutou, mas aceitou, e lá foi sabatinada por uma comissão de médicos, que fizeram as mais diversas perguntas, algumas até bem complicadas. Segundo ela, o Vaticano tem um rigor científico incrível, e tudo isso a motivou a pesquisar o assunto.

Dedicou-se a partir de então a estudar os milagres reconhecidos pela Igreja. Durante sua pesquisa, percebeu que 97% de todos os milagres de 1588 a 1999 eram médicos, e isso se dava provavelmente porque, em tese, são mais práticos de ser comprovados cientificamente. Estudou exaus-

tivamente 1.400 milagres e comprovou sua autenticidade, relatando seus achados em um livro: *Medical miracles* (Milagres médicos: doutores, santos e cura no mundo moderno – livro não publicado no Brasil).

Em novembro de 2012, por ocasião de uma entrevista concedida à revista *Época*, Jacalyn afirmou: "Eu sou ateia, mas acredito em milagres". Ela continua com suas antigas concepções ateístas, porém critica aqueles que, por não acreditarem em Deus, se recusam a aceitar que certos acontecimentos são inexplicáveis. Segundo a pesquisadora, a opinião dos doentes deve ser respeitada, sobretudo quando a Ciência não consegue explicar ou realizar a cura que a sua **fé torna possível**.

Ainda de acordo com sua opinião, o Vaticano poderia até mesmo facilitar um pouco mais o reconhecimento dos milagres, que exige atualmente tantos recursos financeiros e científicos, tornando mais difícil tal acontecimento com santos de países mais pobres ou em desenvolvimento. Reunir a documentação e apoiar a causa de alguém à santidade custa caro. Além disso, de acordo com suas palavras, o Vaticano busca sempre o melhor para atestar que a pessoa agraciada realmente tentou de tudo antes de apelar para ser curada, pois considera a Medicina uma manifestação de Deus na Terra.

Jacalyn disse em sua entrevista que, para a Igreja, o milagre é a comprovação de que o candidato a santo está realmente com Deus e intercedeu pelo doente, uma vez que somente dele se poderiam obter certas curas. O

milagre coloca em evidência as virtudes do suposto santo. Diante de seus estudos, ela passou a acreditar que há muito mais desses milagres do que já ficou comprovado até hoje pela Santa Sé. Um exemplo disso, afirma Javary (2014), é o grande número de dossiês abertos em Lourdes (cerca de 6.500), culminando apenas com 2.500 considerados pela Igreja curas extraordinárias, e uma minoria foi considerada miraculosa.

Os milagres observados em Lourdes (66 ao todo) são uma verdadeira arma da Igreja Católica contra seus inúmeros opositores que insistem em desqualificar a fé nos santos como meio para o restabelecimento da saúde do fiel. Os critérios altamente rígidos e puramente científicos contam principalmente com a avaliação de renomados médicos que esgotam os conhecimentos disponíveis para explicar aquilo que acabam reconhecendo ser "inexplicável": a cura sem o auxílio da Medicina, atribuída aos poderes de Deus (JAVARY, 2014).

Os milagres e a fé do cristão

A questão dos milagres às vezes pode gerar polêmica e discussões intermináveis, sobretudo quando enxergada sob o ponto de vista de alguns cristãos ou pessoas de outras religiões com crenças divergentes do catolicismo. Muitas vezes, essa questão exalta os ânimos, gerando discursos que ferem a crença dos católicos. Um exemplo disso foi o que se deu com padre Zezinho, que se sentiu diretamente atingido pela pregação de certa pessoa, quando esta afirmou em seu

programa de rádio que só existiam milagres em sua igreja, ao contrário do que se dava na Igreja Católica, que não contava com o mesmo agraciamento do Pai.

De acordo com suas palavras:

> Deus opera milagres nas outras Igrejas. Pagãos receberam o Espírito Santo no tempo dos apóstolos, gente que não conhecia a Igreja que nascia. Os apóstolos não negaram. A Igreja reconhece que há santos e há milagres nas Igrejas Ortodoxas; reconhece que há pessoas santas e há milagres nas Igrejas Evangélicas; que o milagre não é próprio nem característico de uma igreja, mas de Deus; e o seu Espírito sopra onde quer e em quem quer e da maneira que Ele quer; assim como Ele tem misericórdia de quem aprouver, de quem tem misericórdia. O milagre é, portanto, para o necessitado, passa pelas igrejas, mas não é propriedade das igrejas; é decisão de Deus...

Disse ainda:

> Mas a Igreja Católica, na sua doutrina, sempre deixou claro: milagres podiam ser um sinal da presença de Deus e da misericórdia Dele através dos seus santos, principalmente Maria, mãe de Jesus. Nunca disse, porém, que isso é essencial à Fé Católica. As igrejas de Cristo não precisam ser igrejas do milagre para ser igrejas de Cristo, mas precisam ser igrejas da caridade, do pão repartido para merecerem esse título. O milagre é um sinal, mas não é essencial. Essência da fé é a capacidade de conviver em paz com todos os homens, a capacidade de dialogar com Deus e com o próximo e a capacidade de preocupar-se com o próximo. A essência da fé cristã é adorar a Deus sobre todas as coisas e amar ao próximo como a si mesmo (site oficial do Padre Zezinho).

Desde os tempos mais remotos, o homem conserva o hábito de pedir a Deus ou aos deuses pela recuperação de

sua saúde. Apesar da separação entre Ciência e Religião, destinando à primeira o cuidado com o corpo e à segunda a preocupação com a alma, a atitude de buscar a cura por métodos extraordinários ainda é uma constante. Deus mantém-se no controle da vida e da morte apesar do amplo processo de laicização incorporado pela maior parte da sociedade moderna ocidental. Mas é bem verdade que, por vezes, a cura do corpo não acontece apesar das orações dos fiéis, restando-lhe a cura espiritual, que sem dúvida é a mais importante. A doença representa uma oportunidade para a conversão, não devendo ser encarada como castigo dado pela divindade (JAVARY, 2014).

Essa autora afirma que o mais importante para o fiel não é o reconhecimento de sua cura pelos médicos, mas seu testemunho de que teve fim o mal que o afligia. Sua palavra tem grande valor para aqueles que o escutam, e, acima de tudo, está seu testemunho de conversão própria, que servirá de exemplo para os irmãos. A RCC tem sido palco para inúmeras curas, e estas não precisam ser consideradas milagrosas por estudiosos para serem consideradas importantes.

Milagres de todos os dias: quando só Deus é a resposta

As situações dolorosas pelas quais passamos na vida às vezes nos deixam tão fatigados que nos sentimos tentados a parar de lutar. Quando vemos ao nosso redor as coisas sempre do mesmo jeito, achamos que nada muda e o melhor será desistir, abandonar a missão que nos foi confiada: o casamento, o trabalho, os filhos. Mas, se lembrarmos da

promessa de Deus no Salmo 22, que diz que "nada nos faltará", certamente a nossa confiança em dias melhores voltará (Tadeu, 2015).

Muitas vezes nos perguntamos o porquê do nosso sofrimento. Esquecemos que para obter bom êxito nas questões que nos aparecem na vida é preciso passar por certos obstáculos. Sem fogo não há luz. Sem batalha não há vitória. O mais importante é a certeza de que Deus nunca nos abandona. Jesus não nos prometeu que não teríamos sofrimentos. Ele bem disse: "Se alguém quiser vir comigo, renuncie a si mesmo, tome sua cruz e siga-me" (Mt 16,24-28). Nem sempre temos todas as respostas que buscamos, e há muitas interrogações pelo caminho. Trago a seguir o relato de duas mulheres que, apesar dos reveses da vida, conservaram a fé, completaram a corrida, combateram o bom combate, como dizia São Paulo.

Os relatos

A primeira, chamada Maria (nome fictício), nasceu em um lar muito pobre, porém honrado, no qual a variedade dos alimentos era pequena, mas sobrava o respeito mútuo e a honestidade. Muitas vezes, para o jantar, só havia rapadura. Só comiam carne quando o pai caçava, e os filhos nunca ganhavam presentes. Maria desejava tanto comer doces, chocolates! No Natal, ficava observando outras crianças com seus brinquedos, enquanto ela não tinha nenhum.

Na escola, destacava-se, tirando as melhores notas, apesar de seus cadernos serem feitos de papel de embrulho.

Começou a trabalhar muito jovem e sequer completara o Ensino Médio. Casou-se aos 20 anos com aquele que deveria ser o príncipe de seus sonhos. Mas, em pouco tempo, o príncipe transformou-se em sapo, causando-lhe muitas desilusões. Após alguns anos de casamento infeliz, sentindo-se extremamente só, perdeu a saúde mental, enlouqueceu. Foi internada em um hospital psiquiátrico, deixando em casa três filhos menores, a caçula com apenas 2 anos.

Diante de tamanho sofrimento, muitos amaldiçoariam a Deus, se revoltariam. Ela, que sempre fora uma pessoa de reputação exemplar, bonita e inteligente, estava misturada com um monte de malucos... Mas, ao contrário do que muitos esperavam, ela se restabeleceu por completo e nunca mais teve uma recidiva do quadro psicótico. Aprendera a louvar a Deus desde pequena, em quaisquer circunstâncias, e continuava com essa prática na vida adulta. Quanto mais as coisas se complicavam em sua vida, mais ela ia à igreja. Mesmo após separar-se do marido, não desanimou e continuou seguindo sua vida, servindo de exemplo de fortaleza e fidelidade a Deus para toda a sua família.

A segunda mulher, chamada Amélia (nome fictício), era de uma família de dez irmãos e foi criada em um lar muito feliz. Seus pais chegaram a completar 50 anos de casados. A partir dos 7 anos, trabalhou na roça, tendo pouca chance de estudar. Na adolescência, vendia produtos na feira e trabalhava como doméstica. Casou-se aos 24 anos e teve três filhos, sendo que um deles faleceu ainda criança, e alguns familiares a culpavam por isso. Desde então se dopava com remédios para dormir.

Anos depois, flagrou o marido em adultério com uma amiga sua e separou-se dele. Não teve o apoio dos filhos e perdeu a casa onde morava, indo residir com sua mãe. Mas o mais surpreendente nessa mulher era sua alegria de viver: sempre com um enorme sorriso no rosto, contagiava todos que a cercavam, e a razão de sua felicidade era ter Jesus no coração. Muito católica, era frequentadora assídua das atividades da igreja de sua cidade: não perdia as missas, participava, às quintas-feiras, da adoração ao Santíssimo Sacramento, visitava doentes e tinha sempre uma palavra amiga para todos que dela precisavam. Também não guardava mágoa das pessoas que a prejudicaram em seu passado e deixou de fazer uso dos psicotrópicos, mantendo-se tranquila e feliz apesar dos problemas em sua vida, que não era fácil, e cuidando de sua mãe idosa e doente.

Para o mundo capitalista em que vivemos, esses não são exemplos de pessoas bem-sucedidas. Não possuem roupas ou carros caros, não são famosas e sequer estudaram para obter um diploma de nível superior. Não preservaram o marido nem viajam à Europa. São donas de casa comuns, como tantas outras no nosso país, que mantiveram a cabeça erguida após o fracasso no casamento, dedicando-se à família. No entanto, dormem tranquilas com a sensação de dever cumprido, levando a vida com um largo e sincero sorriso no rosto. Para o mundo cristão, elas são exemplos de superação, perdão, fé em Deus e amor ao próximo. Só Deus é a resposta para tanta dor sem desespero. Para tanta felicidade apesar das lágrimas derramadas.

Essas duas mulheres de fibra, fortes, tementes a Deus, são exemplos de pessoas que souberam dar significado à própria vida, ao próprio sofrimento, que foi transformado pelo amor e, por isso, não gerou ressentimentos, depressão nem desespero. Ao contrário, serviu de experiência para o amadurecimento pessoal.

Nosso sofrimento não é por si só fonte de salvação. Deus não seria Pai se gostasse de nos ver sofrendo ou nos destinasse ao sofrimento. Este bate à porta dos bons e dos maus, mais cedo ou mais tarde. A diferença é o significado que lhe é dado. Assim, pela fé em Cristo, podemos passar pelos momentos difíceis da vida com amor, dando mais valor às coisas que realmente são importantes, acreditando que tudo será em prol da nossa salvação (NOGUEIRA; LEMOS, 2013).

A religiosidade popular vivenciada por intermédio dos santos da Igreja

O primeiro santo brasileiro

Santo Antônio de Sant'Ana Galvão (Frei Galvão) nasceu na vila de Guaratinguetá, em 1739, em uma família de muitas posses, filho do capitão-mor Antônio Galvão de França e de Isabel Leite de Barros. Mesmo sendo ricos, os pais do santo eram pessoas muito religiosas e generosas. Sua mãe veio a falecer quando ele tinha apenas 16 anos e estudava na Bahia para dedicar-se à vida religiosa, ingressando posteriormente na Ordem Franciscana. Foi ordenado aos 23 anos, assumindo desde cedo funções de

extrema responsabilidade que só eram confiadas a sacerdotes mais experientes. Em seu processo de beatificação, há relatos de curas milagrosas e de fenômenos inexplicáveis, como: fazer parar a chuva, andar sem apoiar os pés no chão, entrar nos lugares com as portas fechadas e, principalmente, a bilocação. Tal fenômeno, que consiste em ser visto simultaneamente em dois lugares ao mesmo tempo, ocorria muitas vezes quando era invocado por moribundos que temiam morrer sem o Sacramento da Confissão (SANTOS, 2007).

Segundo relatos desse autor, Frei Galvão era um homem de muita cultura e herdou do pai o dom administrativo, ocupando por esse motivo cargos importantes à frente de mosteiros. Não tinha preferência por classes sociais, sendo procurado por todos. Buscava diminuir a distância entre ricos e pobres e, na sua vida pessoal, recusava privilégios, honrando seu voto de pobreza até o fim. Descansou seus últimos dias em um pequeno cubículo no qual mal cabia sua cama, que não tinha nenhum conforto. Veio a falecer em 23 de dezembro de 1822 no Convento da Luz, do qual foi o fundador.

O Mosteiro da Luz recebeu, no período de 1930 a 1990, 23.929 relatos de graças alcançadas, sendo, dentre eles, 7.028 casos de curas. Tornaram-se famosas suas "pílulas", confeccionadas com papel, nas quais havia uma pequena oração. Tais "pílulas" milagrosas começaram a ser distribuídas ainda pelo próprio santo, perpetuando-se seu uso pelos fiéis após sua morte (SANTOS, 2007).

Esse autor traz em pormenores as dificuldades do processo de canonização do santo, que durou cerca de 70 anos. Como em todo caso em que se tenta demonstrar a santidade de um pretendente aos altares, houve muita dificuldade imposta pelos avaliadores da causa. Durante todo o processo, a vida da pessoa candidata à santidade é exaustivamente investigada, e tenta-se encontrar nela alguma falta que comprometa o êxito da causa. O santo deverá ter vivido de acordo com as virtudes teologais (fé, esperança e caridade) e cardeais (temperança, fortaleza, prudência e justiça) e as deverá ter demonstrado de modo heroico, em grau elevadíssimo, por longo período de sua vida, até sua morte.

Em seu livro sobre Frei Galvão, o autor, anteriormente citado, descreve como se dá o processo de beatificação, no qual a Igreja permite o culto restrito em alguns lugares e a subsequente canonização, quando é então estimulado em todo o mundo, de maneira irrevogável. Tudo tem início na própria diocese do provável santo, sendo aberta extensa investigação. Para que um milagre seja considerado pela Igreja, é indispensável que tenha sido obtida a cura para algum mal, de maneira instantânea ou muito rápida, de maneira duradoura, perfeita e inexplicável pela Medicina. Com o primeiro milagre, obtém-se a beatificação. Com um segundo, se é santificado. Em alguns casos, a exemplo dos mártires, pode ser dispensado um milagre, levando-se em conta que a pessoa deu seu próprio sangue por Cristo. A última instância é sempre em Roma, e nela o papa desempenha a função de juiz da causa. Geralmente, são decorridos muitos anos, até séculos, para que se reconheça

a santificação, e é avaliada a importância do candidato para a comunidade, testando a memória para os fatos que ocorreram no passado.

O primeiro milagre reconhecido de Frei Galvão, segundo Santos (2007), foi a cura de Daniela Cristina da Silva, na ocasião com apenas 4 anos, acometida do vírus da Hepatite A. Consta nos registros médicos que a menina estava entre a vida e a morte, há vários dias na Unidade de Terapia Intensiva (UTI), pois viera a desenvolver encefalopatia hepática, com comprometimento renal e infecções gravíssimas. Teve durante esse período uma parada cardiorrespiratória, e já não havia mais recurso médico que pudesse curá-la, permanecendo em coma. De acordo com os relatos, foi pedida a intercessão de Frei Galvão, e então foi obtida a cura rapidamente, surpreendendo a todos da equipe médica. A aprovação foi unânime entre os peritos do Vaticano em 1997.

O segundo milagre, obrigatoriamente após o primeiro (como se exige na causa dos santos) reconhecido pelo Vaticano, foi o de dona Sandra Grossi de Almeida e de seu filho. Essa senhora, portadora de uma anomalia uterina, havia passado por três abortos espontâneos, quando em maio de 1999 veio novamente a engravidar. Teve uma gestação de altíssimo risco, permanecendo em repouso absoluto por vários meses. Durante toda a gestação, pediu a intercessão do santo. No parto, não houve complicações, mas a criança logo apresentou problemas respiratórios (membrana hialina em 4º grau), sendo entubada por cer-

to período. A evolução clínica da criança foi favorável, e, para a surpresa dos médicos, a mãe também se restabeleceu logo. A anomalia uterina deixava o útero mais suscetível a hemorragias e o bebê, à prematuridade. Ao contrário das expectativas, a gestação atingiu 32 semanas com oligoâmnio severo (líquido amniótico reduzido), e, durante todo o processo gestativo, Sandra fez a novena e ingeriu as famosas "pílulas" de Frei Galvão. O caso foi declarado inexplicável pela Medicina da época e aceito pelo Vaticano como milagroso, servindo para a canonização em 2007, deste que se tornou o primeiro santo da Igreja Católica nascido em solo brasileiro (SANTOS, 2007).

Frei Damião: um santo para o povo nordestino

Frei Damião nasceu no vilarejo de Bolzano, na Itália, filho do casal de camponeses Félix e Maria Giannotti, em 5 de novembro de 1898. Segundo depoimentos de duas de suas sobrinhas, Pio Giannotti, seu nome de batismo, manifestou vocação religiosa logo após sua Primeira Comunhão. Desde criança, tinha o hábito de carregar consigo o crucifixo, bem como de ficar rezando em silêncio por horas, contemplando a natureza. Também manifestou cedo a prática da caridade, tendo sido visto, certa vez, vindo a pé de outra cidade, a cerca de 30 quilômetros, por ter doado a um mendigo o dinheiro de sua passagem (OLIVEIRA, 1997).

O autor citado relata que seu ingresso na Ordem dos Capuchinhos se deu em maio de 1914, tendo se ordenado em 5 de agosto de 1923, com 25 anos. Veio para Pernambuco

em 1931, com 33 anos, passando então a preocupar-se com a sorte do povo nordestino. Segundo suas sobrinhas, mesmo quando visitava sua terra natal, Frei Damião não demonstrava qualquer interesse pelos assuntos de seus compatriotas. Seus olhos estavam sempre voltados para o Brasil, a ponto de pedir-lhes sempre que rezassem pelas necessidades das pessoas do Nordeste brasileiro.

Permaneceu pregando em solo brasileiro durante seis décadas, sendo respeitado inclusive por inúmeros políticos influentes de sua época. Com sua voz rouca, às vezes pouco audível, era procurado por centenas de pessoas nas pequenas cidades do interior nordestino. Era tido como um pacificador, pois dava ao povo o conforto necessário para enfrentar pela fé em Cristo a situação de extrema pobreza, na qual muitos se encontravam. Segundo pessoas que conviveram com ele, conservava muita inocência em sua maneira de encarar a vida e as pessoas. Extremamente rigoroso em certos assuntos, considerava até mesmo um beijo na boca pecado (OLIVEIRA, 1997).

Eu mesma pude constatar, quando criança, a veneração das pessoas por Frei Damião. Sou testemunha ocular das enormes filas de fiéis que com ele queriam se confessar, formadas, sobretudo, por pessoas do sexo masculino. Os fiéis gostavam do seu discurso rigoroso, sempre a favor da família e do Evangelho. Lembro-me da sua postura envergada, devido a seu grave problema de coluna, dos seus cabelos brancos, que todos procuravam tocar, e, sobretudo, da serenidade do seu olhar. Ele realmente agia e andava como santo. Não parecia com a

maioria dos homens que já havia visto; era realmente alguém diferente. Ficava por horas seguidas confessando as pessoas, sem preocupar-se ao menos em alimentar-se.

Em seu livro sobre Frei Damião, Oliveira (1997) descreve a dedicação do frade às orações e seu sofrimento em seus últimos tempos de vida, por não ter mais condições físicas de sair para suas famosas "missões". Durante algum tempo, ainda recebia fiéis no Convento de Pina, no Recife, aconselhando-os e convidando-os sempre para rezar o terço. Por onde andava, arrastava multidões, até quando se internava nos hospitais. Celebrava missas para médicos e enfermeiras, conquistando todos com seu jeito simples e dócil. Quando já não podia mais sair do convento onde vivia, chorava e dizia sentir-se inútil por não poder mais pregar. Dedicou sua vida inteiramente à pregação do Evangelho e à conversão das pessoas.

Frei Damião foi venerado por muitos, mas também criticado, por ter ainda um modo muito arcaico de pregar, preso a valores antigos. Para tais críticas apenas soria, não se importando com elas. As opiniões sobre o frade são as mais diversas, inclusive dividindo os religiosos da época, mas o fato é que recebeu duas bênçãos apostólicas do papa João Paulo II, em 1993 e 1997, por seus serviços na Igreja. Seu velório reuniu mais de 35 mil pessoas no Recife, e seu falecimento foi noticiado na imprensa internacional. Foi descrito por jornais, naquela ocasião, como herói do povo brasileiro, sendo sepultado no Brasil por vontade própria, expressa verbalmente em vida.

São inúmeros os relatos de curas milagrosas obtidas nas cidades do Sertão nordestino por onde ele passava. Também há histórias de fenômenos da natureza comandados por ele, como fazer chover com suas orações após longo período de estiagem em determinadas regiões, e de outros fenômenos, como andar sem colocar os pés no chão (OLIVEIRA, 1997).

Tinha grande admiração por Nossa Senhora e talvez por isso tenha falecido em 31 de maio (mês dedicado ao culto mariano) de 1997, no hospital Português, no Recife, aos 98 anos. De acordo com o depoimento de muitos contemporâneos: "Morria um santo". Pessoas emocionadas choravam e até desmaiavam sob o sol escaldante em sua missa de corpo presente, celebrada no estádio de Arruda, no Recife. Eram muitos os lamentos ouvidos, de pessoas que perguntavam em voz alta quem apoiaria e consolaria o povo agora que Frei Damião partia. Mesmo sem obter a permissão do Vaticano, o povo nordestino ainda o venera: foram confeccionadas diversas estátuas para ele pelo Brasil afora, e milhares de imagens suas, de diversos tamanhos e materiais, são comercializadas, bem como velas e outros produtos relacionados a ele. Em sua cidade natal, na Itália, foi homenageado com uma praça que recebeu seu nome (OLIVEIRA, 1997).

A Igreja católica venera seus santos para que sirvam de exemplo para os fiéis. Sem sombra de dúvida, Frei Damião foi um exemplo de amor ao próximo e à causa de Cristo. Doou sua vida para a pregação do Evangelho, muitas vezes contrariando ordens médicas de permanecer em repouso

devido à precária condição de sua saúde física. O povo nordestino é imensamente grato ao saudoso Frei Damião, símbolo da religiosidade popular, por sua dedicação e carinho aos fiéis quando em vida, e espera um dia vê-lo elevado aos altares, para a glória de Deus.

Padre Ibiapina

Outro nome que merece destaque entre os religiosos no Brasil é o de Padre Ibiapina, que deixou no Cariri brasileiro uma extensa obra de caridade. Seu nome de batismo é José Antônio Pereira Ibiapina. Nasceu em 5 de agosto de 1806, na vila de Sobral, filho do casal Francisco Miguel Pereira e Teresa Maria de Jesus. Ingressou pela primeira vez no seminário em Olinda, em 1823, mesmo ano em que morreu sua mãe. Não pôde, no entanto, concluir seus estudos, pois foi forçado a assumir a responsabilidade pela família, uma vez que seu pai e irmão envolveram-se na Confederação do Equador, sendo mortos em consequência de tal engajamento político. Passou então a adotar o sobrenome Ibiapina como uma homenagem à povoação de São Pedro de Ibiapina, de modo semelhante ao que fizeram outros confederados.

Regressou ao seminário de Olinda em 1828, mas só permaneceu por seis meses. Tornou-se advogado e, posteriormente, professor na Faculdade de Direito de Olinda, vindo a tornar-se juiz da comarca de Campo Maior, no Ceará. Seu desejo pelo sacerdócio, contudo, não o abandonava, e, após três anos de intensa reflexão, regressou ao seminário, ordenando-se em 12 de julho de 1853, aos

47 anos, e assumindo a denominação de Padre Ibiapina, com sua vida sempre pautada na caridade e no serviço aos pobres. Realizou extensas obras em Pernambuco, na Paraíba, no Ceará, no Rio Grande do Norte e em Piauí (VICELMO, 2010).

A edição de maio de 1869 do jornal *Diário do Nordeste* relata o grande número de devotos de ambos os sexos que diariamente frequentavam a matriz, desde as 3 horas da manhã até as 7 horas da noite, para os ofícios divinos, bem como o grande número de confissões que eram feitas no decorrer do dia. Destacavam-se os grandes donativos em dinheiro feitos pelos fiéis, contrastando com a diminuição do luxo exibido pelas famílias mais abastadas, em favor das obras de caridade, bem como o espírito de devoção que se manifestava por frequentes visitas aos cemitérios. A assídua presença do pastor no meio do seu rebanho, desempenhando com afinco sua ação evangelizadora e social, era algo que chamava a atenção, sobretudo porque Padre Ibiapina renegou cargos, prestígio e status em nome de Deus e das populações sertanejas e sofridas do Nordeste.

Souza (2011) afirma que sua ação missionária representou a quebra do sedentarismo religioso em que, na maioria das vezes, o padre daquela época permanecia restrito, ficando na faixa litorânea ou nas grandes cidades, onde lhe era oferecido o conforto dos conventos. O referido autor relata ainda a criação de um jornal denominado *A voz da Religião no Cariri* para propagar as ações e trabalhos do missionário cearense, bem como possíveis milagres relatados pelo povo

de Caldas, na vila de Barbalha, que foi elevada à categoria de vila apenas em 1846, e à de cidade, em 1876. Nesse local, Ibiapina realizou diversas obras, dentre as quais se destacam a construção de um cemitério para os coléricos e a da capela do Santíssimo Sacramento e das Almas. Também construiu naquela localidade uma cacimba para o povo e uma casa de caridade, ensinou técnicas agrícolas aos sertanejos e defendeu os direitos dos trabalhadores rurais, atuação que inspirou no Nordeste o padre Cícero e Antônio Conselheiro (WIKIPEDIA, 2016). Do ponto de vista espiritual e moral, combateu em sua época as intrigas e a mancebia e, por meio de seu discurso convincente, promoveu diversas reconciliações entre famílias rivais.

Padre Comblin, um profundo conhecedor da vida e obra do candidato a santo, declarou em entrevista concedida à *Vida Pastoral*, da Editora Paulus, em 1995:

> Em três semanas recebeu o subdiaconato, o diaconato e o presbiterato. Não lhe foi necessário passar pelo Seminário. Ele entendia mais de teologia que os professores do Seminário. Aliás, logo depois da ordenação foi nomeado vigário-geral e professor do Seminário. Embora não fosse esse seu desejo, aceitou para não desagradar o bispo. Mas depois de dois anos decidiu abandonar a cidade e ir para o interior, dedicando-se à evangelização do sertão. Aproveitou uma epidemia de cólera que assolava o interior de Pernambuco e da Paraíba. Então, entre 1855 e 1875, dedicou-se a pregar missões para o povo sertanejo. Percorreu os Estados de Pernambuco, Paraíba, Piauí, Ceará e Rio Grande do Norte. Padre Ibiapina já tinha uma brilhante carreira de leigo ao entrar na vida missionária. Tinha sido advogado, juiz de direito, chefe de polícia e deputado-geral (o equivalente a deputado federal hoje). Era um dos homens mais marcantes

de sua geração, não pelo nome da família, mas pelo valor pessoal e pela ascensão social que tinha conseguido no meio de tantas adversidades. Uma vez ordenado, seu nome já era mencionado para a próxima promoção episcopal. Em lugar de uma brilhante carreira eclesiástica, escolheu o mundo dos pobres. Escolheu ir para o interior, desempenhando aí uma vida estafante, de privações, de desafios materiais e humanos permanentes. Fez, com toda a liberdade, a opção pelos pobres. Não como quem não tem outra opção possível, mas como quem tinha todas as portas abertas na sociedade do seu tempo. Além disso, fez essa opção quando já tinha quase 50 anos – idade em que muitos já estão pensando na aposentadoria. Nessa idade iniciou uma vida nova, que ia durar quase 30 anos.

Seu processo de canonização está na Congregação das Causas dos Santos no Vaticano. Considerado por alguns o maior cearense do século XIX, não tem sido lembrado como deveria, pois nosso povo não cultiva a memória histórica dos fatos. Seu trabalho missionário, que lhe rendeu o título de apóstolo do Nordeste, teve início na vila de Missão Velha, em 1864. Nessa mesma vila, fundou uma casa de caridade para cuidar de meninas órfãs e para dar-lhes educação. Seu trabalho missionário estendeu-se até 1876, quando foi acometido de uma doença que o deixou paralítico. Mudou-se para a casa de caridade da Santa Fé na Paraíba, onde ainda desenvolveu alguns trabalhos de auxílio às comunidades carentes até seu falecimento, em 19 de fevereiro de 1883.

Vale ressaltar o grande empenho do Padre Ibiapina em proporcionar às pessoas mais simples e pobres, que viviam no interior do Sertão nordestino, condições dignas de vida.

Seus incansáveis esforços para a construção de cemitérios em uma época de cólera tinham como objetivo melhorar as condições sanitárias, para que a doença não se alastrasse. Da mesma forma, a construção de açudes garantia ao povo o acesso ao bem mais importante para a manutenção da saúde: a água. Padre Ibiapina tinha uma preocupação global com o ser humano, buscando enaltecer o espírito sem, no entanto, descuidar-se do corpo.

Conclusão

Deus nos convida a ouvir sua voz e a confiar-nos inteiramente a Ele, assim como as ovelhas entregam seu destino nas mãos do pastor. Sua mensagem de que "nada faltará" não significa ausência de dificuldades, mas que o essencial à nossa vida naquele momento nos será dado, se tivermos fé (TADEU, 2015). Quem sabe realmente do que precisa? Sempre achamos que precisamos de mais uma roupa, mais um sapato, outro carro para a família, aprender uma nova língua, fazer uma nova viagem. Tudo isso é bom, mas não é o essencial. Podemos viver sem tanto consumismo, desde que haja o básico para a sobrevivência humana. No meu entendimento, podemos suportar tudo, menos a ausência de Deus.

Respondendo ao questionamento inicial deste capítulo, sim, milagres existem. A própria natureza é prova disso. Tudo ao nosso redor foi feito com tanta perfeição, tanta maestria, não por acaso. Existe um responsável por toda essa obra maravilhosa. A vida é um milagre, pois, apesar de toda a tecnologia à sua disposição, o ser huma-

no é incapaz de acrescentar um só dia de vida à sua existência, se o Criador não o quiser. Da mesma forma, não é possível controlar as intempéries da natureza.

Sim, os milagres existem, pois há fatos que o homem não consegue explicar, mesmo lançando mão dos recursos científicos mais avançados. Há inúmeras curas inexplicáveis sob o ponto de vista médico, devendo ser enquadradas na categoria de milagrosas. Portanto, contrariando a teimosia dos céticos, dizemos que **os milagres existem** e que os santos são exemplos disso.

Deus nos convida à santidade. Os três homens escolhidos para representar os santos da Igreja Católica nos dão exemplo de humildade, desprendimento e serviço aos irmãos. Dois deles (Padre Ibiapina e Frei Damião), ainda estão em processo de beatificação, mas são vistos como santos entre o nosso povo, tamanha foi sua dedicação aos pobres do Sertão no Nordeste brasileiro. Os personagens cuja vida descrevi de modo resumido neste capítulo coincidentemente foram padres, mas a santidade está destinada a todo ser humano, desde que ele busque, almeje tal estado de vida, acolhendo com amor a missão de trabalhar para que a construção do Reino de Deus se inicie entre nós.

3

O mal também existe

Introdução

Vivemos em uma época marcada pela pressa e pela inversão de valores na sociedade. Em um mundo no qual todos têm de ter sucesso, o sofrimento é visto como sinal de fraqueza que deve ser evitado a todo custo. O que se prega nos meios de comunicação é que as pessoas devem ter um corpo perfeito e procurar maneiras de permanecer sempre com a aparência saudável. A doença e a morte são assuntos evitados por todos, e esse é o panorama atual da sociedade do consumismo desenfreado, que busca a satisfação pessoal e o conforto a todo custo, em detrimento de atitudes de solidariedade para com o próximo. Mas esse comportamento, ao contrário de felicidade, pode ocasionar tristeza e isolamento, especialmente no caso de pessoas que acabam desistindo de suas aspirações mais profundas para atuar em áreas financeiramente mais rentáveis. Barth (2014) diz que a sociedade encara o doente como um peso, um estorvo, enquanto seus familiares alegam não ter tempo nem es-

paço adequado em sua vida para cuidar dele. Com essas considerações, o presente capítulo aborda assuntos como a depressão e regimes que são contrários ao cristianismo.

Doença da alma

A alma seria a porção do ser que abriga a fantasia, a intuição, a criatividade, a abertura para o divino, os impulsos silenciosos e espontâneos em direção à imortalidade, buscando o crescimento além de si mesmo, com outros modos de ver a vida, não somente através da inteligência. A palavra "alma" vem do latim *anima*, sendo mencionada no Antigo Testamento como o sopro da vida, a verdadeira força da vida. Quando alguém diz ter perdido sua alma, isso pode significar que perdeu sua centelha divina, pois ela é a promotora da vitalidade e da criatividade, do sentido para viver. Uma pessoa que não enxerga o colorido da vida, essa é sem alma (GRÜN; MÜLLER, 2010).

A pessoa deprimida diz-se sem ânimo, desanimada, talvez porque a origem de todo o problema esteja no cerne de sua alma. Creio que são muitos os que sofrem hoje em dia deste mal: a depressão. Vem aquele desânimo, e a pessoa não quer sequer levantar da cama; trabalhar, nem pensar. Não vê graça nas coisas que fazia antes; não quer sair com os amigos; não se interessa por livros ou programas de televisão. Algumas mães perdem o interesse até pelo bem-estar dos filhos, descuidam da arrumação da casa e da própria aparência. É como se de repente todo o planeta ficasse em preto e branco, como se as cores da feli-

cidade sumissem. Até aquela música, a preferida, não gosta mais de escutar. Tudo se resume a uma grande tristeza, a uma enorme angústia. Surge um medo que não consegue explicar: de sair de casa, de que algo ruim aconteça, da morte, mesmo sem estar doente. Medo simplesmente de não conseguir respirar, de dormir e não acordar, de que aquele filho que está fora de casa não regresse. Tudo parece tão assustador, desanimador!

O deprimido busca então ajuda nos remédios. De todos os tipos: para dormir, para abrir o apetite, para dor de cabeça, para dor de estômago. Algumas pessoas vão ao médico, saem com uma receita repleta de medicamentos, mas se recusam a usá-los, pois temem seus efeitos colaterais. Outras se dopam cada dia mais, no entanto, não se sentem melhores. Melhorar como, se a única coisa capaz de preencher todos os espaços vazios no coração do ser humano é o Sumo Deus? Apenas Ele pode curar aquelas mágoas que outros provocaram em nós. Apenas Ele pode consolar quem perdeu um ente querido; quem ficou sozinho em casa, por já não ter o cônjuge ou a companhia dos filhos; quem está sem trabalho, sem casa, sem comida suficiente. Infelizmente, o ser humano está se esquecendo disso, e cada vez mais busca refúgio nas drogas, no álcool, nos remédios, sem sucesso. Alguns fazem análise, mas de nada adianta, pois não conseguem enxergar a si mesmos, não chegam ao cerne de suas feridas.

Grün (2014d) sugere que as pessoas pessimistas, que estão sempre esperando o pior acontecer em sua vida, dia-

loguem racionalmente com seus pensamentos. Ou seja, que questionem a si mesmas sobre a real possibilidade de acontecer o que se teme. Por vezes, a simples conscientização de que o medo é exagerado já é o suficiente para que o pensamento negativo perca força. Outra maneira de lidar com tais pensamentos seria estabelecer um diálogo com Deus, em oração, contando-lhe sobre o suposto problema. É possível, ainda, contar a outra pessoa, pois, dessa forma, pode-se ver tudo por um outro prisma.

Esse autor também chama a atenção para outra causa de depressão: a fuga de situações ameaçadoras, que podem ser representadas por prováveis acontecimentos vindouros ou simplesmente pelo recebimento do diagnóstico de doenças temíveis, como o câncer.

O referido autor faz menção ainda a um tipo curioso de depressão: a depressão pós-sucesso, comum em pessoas que se esforçam muito para atingir um determinado objetivo e, quando finalmente conseguem, ficam abatidas, tristes e até com as forças esgotadas. Muitas vezes, tomam consciência de que não são superiores aos outros por terem atingido o sucesso profissional. Ou ainda dão-se conta de que em sua vida nada mudou após o alcance da tão almejada meta. É necessário buscar, então, o caminho da realização espiritual, pois, do contrário, sobrevirão o vazio e a infelicidade.

E o que dizer dos religiosos que têm depressão? Eu diria que são seres humanos, como quaisquer outros, sujeitos a decepções, desilusões, fraquezas. Além disso, possuem em

seu corpo os chamados neurotransmissores, as enzimas, os hormônios, e qualquer alteração nessas substâncias provoca mudanças enormes no indivíduo, podendo inclusive alterar o humor e as respostas do sistema imunológico às doenças.

É vital, em caso de depressão, que se procure ajuda. De quem? De todos. Dos familiares, dos amigos, de um médico, de um psicólogo, de um padre. No entanto, alguns escondem o que sentem por vergonha, pois não querem que pensem que estão ficando loucos, afinal, apesar do crescente uso dos medicamentos psicotrópicos na sociedade, ainda é grande o preconceito em relação aos usuários dessa terapêutica. Mas, como toda patologia, a depressão deve ser tratada logo, para que se obtenham bons resultados.

É importante mencionar também que outras formas complementares de tratamento devem ser empregadas, como: a oração, o exercício físico, a abstenção do álcool e o contato com a natureza. Pedir ajuda, por sua vez, não deve ser motivo de vergonha: faz parte da luta pela vida. Como dizia São Paulo: "Na fraqueza é que sou forte" (2Cor 12,10). Fomos feitos para viver em sociedade, em grupos, ajudando-nos mutuamente. O antídoto para a tristeza é a alegria; para a inércia, é o movimento; para o vazio, é a plenitude, e esta só Deus pode fornecer, pois dele viemos e para Ele voltaremos.

Há quem julgue muito mal um religioso ou religiosa com depressão, mas Grün (2014d) lembra vários nomes bíblicos importantes, como o profeta Elias e São Paulo, que enfrentaram momentos tão difíceis que chegaram a pedir

a Deus pela própria morte, tamanho era seu desespero em determinadas situações. A misericórdia de Deus, contudo, os tirou desse abismo.

Toda doença carece de reflexão. Grün (2014d) acredita que até a depressão tem sua serventia, pois essa enfermidade coloca o doente em uma posição mais humilde, na qual já não consegue fazer tudo por conta própria. Também pode proporcionar o desapego de certas ilusões, inclusive de que Deus vai resolver sua vida facilmente por meio de um milagre, livrando-o dos remédios em um passe de mágica. O indivíduo vê-se diante de uma realidade desnuda: Deus não existe para satisfazer seus caprichos. Outro ponto positivo a ser dito sobre o depressivo é que ele se torna mais sensível aos problemas de sua época que a maioria das pessoas e preocupa-se com o bem comum, enxergando coisas que às vezes os outros não veem. Faz parte da personalidade desses indivíduos querer transmitir aos outros a solução de muitos problemas presentes na época em que estão vivendo. Tentam irradiar a ideia de que o mundo é mais que um monte de coisas superficiais.

Por fim, esse autor chama a atenção para o fato de que a sociedade deveria questionar-se sobre suas responsabilidades na causa desse mal: até que ponto, com o excesso de cobranças sobre os indivíduos, estaria contribuindo para gerar, a cada dia, um número maior de pessoas com esse problema?

O indivíduo com depressão tem a sensação de estar em um buraco escuro, longe até mesmo de Deus, inatingível

em sua dor. Mas isso é ilusório, pois Deus está em toda parte e jamais o desampararia (GRÜN, 2014d). Basta lembrar o que diz o salmista:

> Para onde irei, longe do Teu espírito? Para onde fugirei, longe de Tua face? Se subo aos céus, Tu aí estás. Se me deito na mansão dos mortos, aí Te encontro. Se me elevo com as asas da aurora ou me instalo nos confins do mar, também aí Tua mão me alcançará e Tua direita me sustentará (Sl 139,7-10).

Quando o indivíduo já nem consegue rezar, tamanho é seu desânimo, pode clamar por Deus com orações ou súplicas, como nestes exemplos: "Vinde, ó Deus, em meu auxílio. Senhor, apressai-vos e socorrei-me"; "Não tenho quem me escute, por isso já nem grito nem murmuro. De que adiantaria? A angústia que me vai na alma consome minhas entranhas, meus pensamentos". Recorde a ocasião em que Pedro foi ao encontro do Senhor, que caminhava sobre as águas: as mãos de Jesus o arrebataram das ondas de desespero que o cercavam porque ele havia perdido a fé. Dessa forma, o discípulo sentiu-se seguro, perdendo o medo. Percebeu tudo a sua volta se acalmando, inclusive o mar da Galileia, que obedecia ao comando da voz do Senhor. É necessário que os desanimados depositem a confiança de seus problemas naquele que se propõem a seguir, amar e adorar.

"A vida cristã pressupõe misteriosamente as tentações. Só as vencemos por meio da oração, mesmo que rezemos sem esperança", alguém falou em uma pregação. Vale sempre a pena rezar, um murmúrio que seja, uma lágrima apenas, mas com o coração dirigido a Deus. Ele nos ouve e se interessa

mesmo pelo menor de nossos problemas. Jamais se aborrece ou se cansa de nossas súplicas. Jesus disse: "Pedi e recebereis, procurai e achareis; Batei e vos será aberto" (Lc 11,9).

Para Grün (2014d), a depressão tem sempre um sentido e deve ser bem analisada, investigada em suas causas. Alguns doentes demonstram em sua conversa que traçaram ideais altos demais para a própria vida e que, por serem inatingíveis esses sonhos, se desvalorizam e se irritam consigo mesmos. Outros vivem presos a um passado no qual julgam ter sido mais felizes, sentindo-se exageradamente tristes com a vida que levam no momento presente.

Esse autor descreve ainda o modo como o depressivo encara sua rotina diária, sendo incapaz de alegrar-se com qualquer coisa, uma vez que a tristeza enfraquece o senso de observação do indivíduo. Segundo ele, o primeiro passo para a cura é reconhecer-se como infantil e carente, desejoso de ser sempre o centro das atenções, como uma criança mimada que deseja a todo custo ter seus anseios atendidos por aqueles que a cercam. O segundo passo para a cura seria entrar em contato com a criança divina que todos nós carregamos. Por fim, um terceiro passo seria o desapego às coisas mundanas e ao desejo de ser sempre o melhor em tudo.

O deprimido tem o olhar preso no vazio, não se detém em nada. Seus olhos não se erguem para olhar o que está a sua volta, tampouco fitam a si mesmo, seu eu interior. Jesus, quando curou o cego, deu-lhe a oportunidade de olhar

para o alto e para dentro de si, e tais atitudes são vitais no processo de cura da depressão. O doente deve enxergar tudo o que há de negativo em seu âmago – desespero, medo, amargura, raiva –, mas fomentar o desejo pela cura, por Deus. Dessa forma, podem brotar a esperança, a luz, o amor. A depressão, conforme será explicado em capítulo posterior, é um convite ao silêncio e ao recolhimento. O medicamento pode ser usado como um auxílio para que o deprimido erga o olhar para o céu, enxergue o belo, saia do seu isolamento, e outra ferramenta importante nesse processo é a terapia (GRÜN, 2014d).

Outra característica do indivíduo com depressão, diz o autor anteriormente citado, é seu estado de paralisia diante da vida, a inércia perante as dificuldades. Essas pessoas frequentemente sentem-se presas a imagens do passado e se julgam culpadas por algo. Um modo eficaz de sair dessa paralisia são os rituais de perdão, como a confissão, nos quais se pode pedir perdão a Deus e a si mesmo.

O sentimento de culpa pode atuar de modo nefasto sobre o ser humano, paralisando-o. Jesus curou o paralítico, conforme relato do Evangelho de Marcos, perdoando-lhe os pecados e, em seguida, ordenando que saísse da inércia em que vivia há anos: "Levanta-te, pega a tua cama e anda!" (Mc 2,11).

Ainda de acordo com as concepções do referido autor, a doença muitas vezes é a maneira que a alma humana usa para se fazer ouvir. Seria como um grito de socorro, uma

tentativa de chamar a atenção do indivíduo para o que está em desacordo com seu verdadeiro eu. Há quem pense que a solução definitiva está nos medicamentos e na terapia, que são, de fato, muito importantes. Mas é necessário trabalhar o íntimo da pessoa, buscando fazer nova conexão com suas raízes, para então sanar o problema. Deve-se dialogar com a depressão, perguntando-lhe o que vai mal. A alma deve estar no comando de tudo, para que o indivíduo conserve sua criatividade, valorizando todas as experiências de vida até o último instante.

Em contato com sua alma, o ser humano percebe que é único, singular neste mundo, não com pensamentos de superioridade em relação aos demais, mas com o coração repleto de alegria por ser obra especial da criação divina. Nesse momento, o indivíduo pode captar do universo algo incrível: cada pessoa é uma "palavra" que Deus soprou unicamente, dando origem à sua existência (GRÜN; MÜLLER, 2010).

Regimes que tentam afastar o homem de seu Criador

O diabo gosta que pensemos que Deus nos abandonou, para que penetre a dúvida no nosso coração. É por essa fresta que Satanás entra, como um vírus, em um corpo enfraquecido e o domina. O mundo secular em que vivemos e até mesmo alguns padres têm divulgado que o diabo não existe, e é assim que ele tem disseminado suas ideias malévolas até entre pessoas e políticos bem-intencionados. Ele gosta quando o homem atribui a si mesmo as desgraças que vêm acontecendo. Se o diabo não existisse, Deus também

não existiria, e só haveria no mundo as forças do universo, da natureza e do próprio homem. Não quero, com essas colocações, retomar a imagem de um Deus punitivo, que amedronta muitas pessoas, ao qual se refere Grün (2014c), mas reafirmo as ideias de inferno mencionadas por esse autor. O importante é abrir os olhos para a maneira como se vive, e com isso corrigir-se caso seja necessário. Não se deve associar Deus a uma figura sádica que se diverte punindo aqueles que lhe desobedecem.

No universo há polaridades: luz e trevas, dia e noite, frio e calor, o bem e o mal. Se acreditamos em Deus, não podemos negligenciar a existência do demônio. Ele trabalha silenciosa e sorrateiramente, por meio da aprovação de leis que atentam contra a vida e contra a família. Hitler não declarou suas intenções de exterminar os judeus e outras minorias, tampouco disse que pretendia dominar o mundo no início de sua carreira política e militar. Muitos líderes comunistas não revelaram ao povo as dificuldades pelas quais passariam ao ser estabelecido um regime no qual o Estado é mais importante que Deus. As pessoas não sabiam que perderiam seu bem mais precioso: a liberdade de pensar, de expressar-se, de possuir bens conquistados com seus esforços, de ir e vir, de reunir-se em grupos ou em lugares públicos, de protestar contra injustiças.

Em nome desse regime que considera a Religião o ópio do povo, chegam ao cúmulo de apresentar Jesus como um comunista, só porque defendia os mais fracos, os pobres. Mas Jesus sempre foi e será a favor da vida, e não da morte.

Não apoiaria um governo que, em nome do "bem-estar" do povo, persegue, prende seus opositores e envia-os para campos de trabalho forçado ou para um pelotão de fuzilamento. Jamais apoiaria um regime no qual os fiéis de uma Religião não poderiam reunir-se para praticar os ritos de sua fé. Sem dúvida alguma, Jesus não poderia ser comunista. João Paulo II muito se esforçou para derrotar esse regime, e, por esse motivo, quase foi morto. Os cristãos têm a obrigação de lutar contra essas ideias que ameaçam voltar a dominar a mente dos jovens e de alguns políticos do mundo.

Os que perderam a capacidade de sonhar

Os sonhos são um estímulo para que todo ser humano busque ocupar novos espaços no decorrer de sua vida. Quando não se realizam, tem-se a impressão de que tudo acabou, como uma bolha de sabão estourando ao vento, e algumas pessoas ficam então frustradas, ocupando-se o tempo inteiro, tentando fugir da decepção de não ter atingido seus objetivos. Os sonhos que temos enquanto dormimos, por sua vez, às vezes nos remetem aos ideais de vida que trazemos na alma, nossos verdadeiros talentos (GRÜN, 2011b).

Esse autor chama a atenção para a necessidade de buscar um aprofundamento da própria existência, com um regresso ao que se fazia quando criança. Aí está a nossa verdadeira essência, aquilo que Deus sonhou para nós.

Quando um indivíduo simplesmente desiste de seus sonhos, seja por seu grau de dificuldade ou simplesmente por comodismo, fatalmente estará comprometendo sua saúde

psíquica. Provavelmente, levará uma vida superficial, iniciando projetos que nunca serão concluídos (GRÜN, 2011b).

Também há aqueles que parecem nunca ter tido uma meta a ser alcançada, cuja vida constitui um verdadeiro caos: parecem vegetar pelo mundo, sem muita vontade de viver, sentindo-se sugados, desprovidos de energia, com a alma fragmentada. Há ainda os que buscaram atingir seus ideais, mas fracassaram, alguns devido a uma doença, outros pela perda do emprego ou pelo insucesso em obter determinada capacitação para a profissão que almejavam. Nesse caso, deve-se tentar superar esse "insucesso", adaptando-o à realidade de vida que se tem ou ressignificando-o por meio de outros modos de viver a situação que não foi bem aceita. Outra possibilidade é tentar retomar esse sonho em outro momento mais oportuno. Caso contrário, o ser humano desperdiçará seus talentos, deixando-se levar por outras coisas que a vida lhe impôs (GRÜN, 2011b).

Qual a importância disso tudo para a saúde? O autor mencionado no parágrafo anterior vai dizer que o resultado para o sonho suprimido é a doença física e até a depressão. Sim, porque a ferida na alma atinge o corpo, manifestando-se sob a forma de sintomas, o que será mais bem detalhado em outro capítulo. Quando não é possível atingir o ideal de vida almejado, deve-se viver o luto por tal expectativa frustrada, pois a fuga desse processo leva a pessoa ao ódio de si mesma e à autodestruição. Entrar em contato com as dores da existência faz parte da vida, conecta o ser humano à própria alma. Segundo Grün

(2011b), não se deve evitar encarar as próprias decepções, pois elas também representam experiências importantes. Manter-se ocupado permanentemente, evitando o contato com aquilo que o coração tenta expressar, só piora as coisas, fomentando uma existência depressiva, mesmo que de maneira dissimulada, conforme explica o autor.

Outro comportamento típico de quem soterra os próprios sonhos e sequer tem coragem de admitir que sofre com isso, afirma Grün (2011b), é a autocompaixão. O indivíduo fica preso nesse tipo de pensamento, congelando sua existência. Com o passar do tempo, repetindo sempre as mesmas ideias de pena de si mesmo, acaba por irritar os que com ele convivem. Há ainda os que culpam as outras pessoas ou as circunstâncias pela não realização de seus ideais, mantendo-se atado a esse processo de constante acusação. Dessa forma, a vida não prossegue, e mais uma vez abre-se o caminho para que se instale uma depressão. Quando uma pessoa nega o próprio luto pela perda de um ente querido ou simplesmente por um sonho que não se realizou, seu sofrimento é ainda maior. A saída é encarar as perdas e decepções, procurando outras facetas da vida, voltando-se para novos horizontes.

Mas nunca é tarde para se retomar os antigos sonhos: algumas ocasiões, como uma doença, a perda do emprego ou a simples leitura de um livro, podem ser oportunidades para entrar novamente em contato com o ideal de vida que Deus nos destinou. Quando isso acontece, é deflagrada uma enorme energia, capaz de realizar mudanças realmente

notáveis sobre o indivíduo, demonstrando que ele está em contato com seu sonho de vida original (GRÜN, 2011b).

Estar em contato com o sonho de vida original é realizar aquilo que Deus sonhou para mim, porque o Criador tem sonhos para a humanidade. Cada pessoa pode realizar coisas de modo singular, transmitindo aos demais algo que foi confiado somente a ela antes de seu nascimento. Jesus Cristo foi o maior exemplo da glória resplandecente de Deus na humanidade, pois realizou plena e perfeitamente tudo o que o Pai planejou para nós: a santidade absoluta, isenta de pecado (GRÜN, 2011b).

Ateísmo e ceticismo

O ateísmo, afirma Marino Jr. (2005), é uma doença que afeta o homem e, consequentemente, a sociedade, pois dá às pessoas a responsabilidade de guardar suas leis e procura tirar do coração humano a sede de justiça e de eternidade. Para esse autor, a existência de Deus seria tão óbvia que as Escrituras Sagradas sequer se ocupam em tentar prová-la. Em seus argumentos, ele lembra que o funcionamento de um relógio exige a existência de um relojoeiro, mesmo que não o conheçamos. De maneira análoga, a perfeição do universo só é possível graças à mão providencial do Criador.

O fato é que a figura de Deus não é indiferente nem mesmo aos ateus, uma vez que são detectáveis ativações de determinadas áreas de seu cérebro quando lhes é solicitado que meditem sobre Ele. No entanto, ao escanear o cére-

bro dessas pessoas, alguns cientistas verificaram diferenças de um indivíduo para outro quanto à atividade neural ao contemplarem a Deus. Em outras palavras, existem vários tipos de pensamento ateísta (NEWBERG; WALDMAN, 2009).

Existe até mesmo o chamado ateísmo científico, pelo qual alguns estudiosos insistem em atribuir ao acaso todo o projeto da criação do mundo. Mas, felizmente, pessoas renomadas, como o biólogo americano Edward Cooling, o astronauta Edgar Mitchell e o inventor da microbiologia, Louis Pasteur, além de vários físicos ganhadores do Prêmio Nobel em sua competência (Max Planck, Andrews Millikan e Albert Einstein, entre outros), não compartilhavam desse pensamento e acreditavam em um Ser superior, um Deus criador que sempre esteve orquestrando tudo, a todo instante (AQUINO, 2005).

Alguns costumam nivelar tudo o que existe no universo pelo que lhes é conhecido. Dessa forma, a natureza não refletiria a obra de Deus, mas apenas matéria; um pensamento que brota sobre assuntos religiosos seria mero resultado de correntes cerebrais; e, finalmente, Deus nada mais seria que uma simples projeção humana. Tais ideias ateístas são por demais simplistas para explicar a realidade da vida e do universo (GRÜN, 2014c).

O ceticismo é outro mal que acompanha a Medicina desde seus primórdios. As pessoas que desenvolviam essa prática com a comunidade sempre enfrentaram certa descrença em relação à eficácia de sua terapêutica, a ponto de serem confundidas algumas vezes com charlatães, talvez porque nem sempre fosse obtido o êxito com seus medica-

mentos (SAYD; MOREIRA, 2000). Essas autoras falam da importância da crença do doente na Medicina para que esta funcione e também enfatizam quão vital é que o médico não demonstre para o paciente suas próprias inseguranças. A evolução da Ciência mudou as nuances desse ceticismo.

Não se questionava os benefícios que a presença do médico junto ao doente lhe traria, mas aumentavam as exigências quanto à verificação de resultados positivos realmente observáveis pelos cientistas. Ainda que os mecanismos de ação não fossem explicáveis, seriam aceitos os recursos terapêuticos que aliviassem o sofrimento ou eliminassem os sintomas dos doentes. Cresce então a corrente de pensadores da chamada Medicina baseada em evidências (SAYD, MOREIRA, 2000).

Há de se ter cuidado com o ceticismo, pois este pode se constituir em grande mal, atribuindo à Religião o papel de difusora de falsas esperanças. Mas não é lícito buscar certo procedimento cirúrgico para tentar sanar uma doença grave, mesmo que as chances de êxito sejam muito pequenas? E testar novos medicamentos em pacientes de câncer terminal, também não é válido? (DOSSEY, 2015). O que dizer então do recurso inócuo da oração? Acho que lhe é permitido o benefício da dúvida, como dizem os juristas.

A oração pode prejudicar a saúde?

O emprego da oração como recurso terapêutico não é unânime, e há quem critique o uso desse tipo de tratamento complementar na Medicina. Alguns dizem que a religiosidade atrapalharia o tratamento das doenças, principalmente do

câncer e da Aids, pois o indivíduo abandonaria a medicação prescrita, deixaria de recorrer a procedimentos cirúrgicos, não realizaria a quimioterapia. De fato, alguns doentes podem cometer esse engano, mas isso não representa a maioria dos casos; com frequência, o que se vê é o emprego simultâneo da Medicina e da Religião (DOSSEY, 2015).

O autor supracitado chama a atenção para o fato de que aqueles que criticam a oração se esquecem dos possíveis efeitos indesejados causados por alguns medicamentos e de que eles também podem falhar ou até matar, dependendo da resposta de cada um. Não deveriam usar o mesmo parâmetro de julgamento com o uso da religiosidade no tratamento de patologias diversas? Por que a oração tem a obrigação de nunca falhar? Será que aí também não se aplica o fator da diferença orgânica, da individualidade nas respostas? O ceticismo de alguns pode ocasionar um nível de cegueira tal que impede de ver os inúmeros benefícios da religiosidade.

Conclusão

Para escapar das armadilhas que a vida traz ao homem, jogando-o na depressão, é necessário encontrar o verdadeiro sentido da vida, que não está na fugacidade do prazer, na transitoriedade da beleza, tampouco na insaciabilidade da riqueza. De acordo com Viktor Frankl, o sentido derradeiro da vida é o próprio Deus. Portanto, só Ele pode curar realmente a neurose da falta de sentido para a vida (MACHADO, 2013).

Rezar ou orar é um modo de o homem entrar em contato com o divino, uma conexão que vincula criatura e Criador. Representa ainda um modo de entrega total ao outro (Deus, Absoluto, Ser Supremo), confiando na plena certeza de não ficar desamparado. Isso é importante para o sucesso de um tratamento médico, no qual o paciente precisa acreditar também no remédio e no seu médico (BARTH, 2014).

4

Sentimentos e atitudes que tomamos podem interferir na nossa saúde?

Introdução

O *Homo sapiens*, no decorrer da sua evolução, tem apresentado um surpreendente desenvolvimento de uma parte do cérebro denominada neocórtex, responsável pelos pensamentos. No neocórtex, formam-se os sentimentos sobre as artes, os símbolos e as imagens e planejam-se ações em longo prazo e estratégias de sobrevivência. Nessa porção do nosso cérebro, surge o apego mãe/filho, sempre tão forte e importante na espécie humana. Toda a complexidade das nossas emoções é alocada nessa porção do nosso corpo, que, portanto, se torna sede da mente emocional. O modo como compreendemos as coisas e sentimentos constitui então a nossa outra mente, a racional, e ambas se complementam (GOLEMAN, 2012). Esse autor vai dizer ainda que

a mente emocional se torna dominante à medida que se sobressaem os sentimentos. Ao contrário, quando predomina a mente racional, impera a racionalidade, a ponderação.

De acordo com o dicionário Aurélio, a palavra "emoção" deriva do francês émotion, podendo significar: o ato de mover (moralmente); uma perturbação ou variação do espírito oriunda de situações diversas, manifestada como alegria, tristeza, raiva e outros; abalo moral; comoção. Traz ainda o significado, de acordo com a Psicologia: uma reação intensa e breve do organismo a um acontecimento inesperado, sendo acompanhada de um estado afetivo de conotação agradável ou penosa. Por último, pode ser definida como um estado de ânimo despertado por **sentimento** religioso, estético, dentre outros, ou como o ato ou efeito de sentir(-se). Já o verbete "sentimento", de acordo com a mesma fonte, poderia ser definido como: a capacidade para sentir; a sensibilidade do indivíduo; a faculdade de perceber, conhecer, apreciar; a percepção, a noção, o senso; a disposição afetiva em relação a coisas de ordem moral ou intelectual; afeto, afeição, amor; entusiasmo, **emoção**; alma; pesar, tristeza, desgosto, mágoa; pressentimento, palpite.

Assim, neste capítulo, ora faremos menção à palavra "sentimento", ora mencionaremos o vocábulo "emoção", que, conforme vimos, são perfeitamente compatíveis quanto ao significado. Os sentimentos que experimentamos ao longo da vida, bons ou maus, desencadeiam reações químicas dentro do nosso corpo, podendo contribuir para a melhora ou a piora de seu funcionamento. O medo, a ansiedade, o ciúme, a inveja e a raiva contribuem para que de-

senvolvamos doenças, sobretudo quando ocorrem com frequência. Precisamos neutralizá-los com a alegria, o amor, a esperança, a solidariedade, a compaixão e a fé, para desse modo estimular o nosso sistema imunológico, prevenindo ou combatendo os males que ameaçam nossa saúde.

 Estabelecer definições perfeitamente adequadas sobre o tema em questão não parece fácil; é o que dizem filósofos e psicólogos há mais de um século. Goleman (2012) traz então as emoções principais divididas em famílias, como: nojo, ira, prazer, tristeza, medo, amor, surpresa e vergonha. Mas ficariam de fora certas variantes, como o ciúme, a fé, a esperança, a dúvida, o tédio, a preguiça e o torpor.

 Goleman (2012) afirma que no cerne dessas famílias de emoções principais reside um núcleo emocional básico, do qual partem outras variações. Externamente ficariam os estados de espírito que seriam mais duradouros que simples emoções; seria a manutenção do sentimento por longo intervalo de tempo. Exemplo disso é o sentimento de luto pela perda de um parente perpetuado por longo espaço de tempo, prolongando o sofrimento, o que pode causar a depressão. O predomínio de um humor raivoso, irritadiço, desencadeando ataques de ira por todo o dia, é exemplo de um estado de espírito rabugento. A maior disposição para este ou aquele estado de espírito caracteriza o temperamento, que pode ser melancólico, alegre ou tímido. A depressão e a ansiedade entrariam como representantes dos distúrbios das emoções, de acordo com essa visão do referido autor.

Para atingir uma existência plena, o ser humano deve conviver de maneira equilibrada com seus sentimentos, controlando suas paixões, para estar bem consigo mesmo, dando a devida importância às aspirações espirituais. É imprescindível muitas vezes que se procure certo isolamento para o silêncio e a oração, como modo de conhecer a si próprio, aceitando-se com todas as limitações que fazem parte da vida de todo homem (GRÜN, 2014a).

Não podemos controlar totalmente nossas emoções. Assim, não devemos inibir sentimentos como medo, inveja, raiva, ciúme, que, uma vez reprimidos, ganham mais força. Devemos dialogar com tais sentimentos. Também podemos contrabalanceá-los com bons pensamentos, com atitudes que nos dão alegria, como passear, olhar a natureza ou arrumar a casa de um modo que nos dê prazer. Temos o direito de nos sentir mal, de ter mau humor em determinados dias; porém, não é salutar ficar remoendo apenas o lado ruim das coisas. Às vezes, aquela situação desagradável pode ser contornada se modificarmos um pouco os nossos planos. Ou seja: quando as coisas não saírem exatamente como queremos, não percamos a esportiva, adaptando-nos à nova realidade (GRÜN, 2005).

A alegria é cultivada quando estamos satisfeitos com nossa história de vida, com nosso corpo, com nosso trabalho. Este sentimento faz um imenso bem à saúde psíquica e física, como já atestam a Medicina, a Psicologia e a Filosofia. Alegrar-se rejuvenesce e aumenta a resistência às infecções (GRÜN, 2005), e, neste capítulo, discorreremos

um pouco sobre alguns modos de minimizar os efeitos de emoções ou sentimentos destrutivos.

Sentimentos negativos produzindo efeitos desfavoráveis no nosso corpo

Ao sentir medo, raiva, tristeza, culpa e ansiedade, o ser humano sofre os efeitos de tais emoções sobre seu sistema imunológico, o que ocasiona doenças (GOLEMAN, 1999). Outro sentimento de destaque entre os negativos é o **ciúme**, que representa uma estrutura residual infantil do Eu, sendo importante nos primeiros momentos da vida, pois estimula a procura constante pela figura materna, garantia da sobrevivência da espécie por meio do alimento e da proteção. Mas, com o passar do tempo, sua perpetuação demonstra imaturidade, inveja, insegurança, podendo adquirir componentes patológicos que dificultam a manutenção dos relacionamentos (ALBISETTI, 2004).

O ciúme e a desconfiança são posturas altamente inquietantes que trazem inúmeros transtornos ao indivíduo (GRÜN, 2004). Quem se vê assaltado por crises de ciúme não vive de maneira plena e sossegada, pois imagina a todo instante situações nas quais pode estar sendo traído, o que é um grande tormento. O sentimento de desconfiança em relação às pessoas é altamente danoso para o indivíduo, pois a pessoa desconfiada sempre espera o pior dos outros, nunca descansa, nunca dorme tranquila (GRÜN, 2004).

Ciúme e desconfiança estão entrelaçados, uma vez que o ciumento é um eterno desconfiado. Muitas vezes, já foi

vítima de traição do companheiro, e por isso sofre imaginando repetir tal experiência em sua vida. Em um ataque de ciúme, são deflagradas várias reações no corpo, como taquicardia, diarreia, insônia, sudorese, mãos frias, presentes muitas vezes nas situações de estresse. O desconfiado ao qual me refiro, e que aparece também na obra de Grün (2004), nutre esse sentimento em relação às pessoas no geral, ao mundo que o cerca, e tem a intenção de controlar os eventos do dia a dia para evitar acontecimentos desfavoráveis, o que certamente será em vão.

No início da vida, a criança deseja a presença constante de sua mãe, proporcionando-lhe o calor e o alimento, os quais estivera recebendo no interior do útero. O bebê passa a querer possuir certos atributos maternos que lhe garantem a sobrevivência. Surge então a **inveja**. O indivíduo, no decorrer da vida, busca incessantemente a posse de objetos, poder, posição social, o que tem contribuído para o progresso das civilizações. Com o crescimento, tal característica da personalidade deveria desaparecer ou diminuir substancialmente, mas isso não ocorre de fato, e a inveja no adulto demonstra sentimento de inferioridade em relação aos outros (ALBISETTI, 2004).

Em um ataque de **fúria**, podemos arremessar e quebrar objetos, ferir pessoas ou a nós mesmos. Certamente, é por essa razão que a ira entra no time dos pecados capitais. Seu desenrolar pode desencadear problemas sérios, como agressividade e instinto assassino. Não é necessário muito para que um indivíduo tenha um surto momentâneo de **raiva**

excessiva, basta que já esteja saturado pelo estresse do cotidiano, ou, como se diz em uma linguagem popular, "com o copo transbordando" (nesse caso, de emoções negativas).

Uma das frases mais encontradas na Bíblia é: "Alegrai-vos". Então por que insistimos em fazer o contrário e nos entristecemos com tanta frequência? Talvez nossa confiança em Deus seja muito tímida, limitada, e por isso damos margem à tristeza e à depressão, frente aos problemas e às decepções que a vida nos reserva.

O sentimento de **culpa** é necessário para que não pratiquemos o mal sem arrependimento, como fazem os psicopatas. No entanto, esse sentimento passa a ser destrutivo à medida que o remoemos demais em nossa cabeça. É fundamental que nos perdoemos por nossos erros, pois, do contrário, estagnamos no passado e deixamos de seguir em frente (GRÜN, 2014c).

Para Jesus, a culpa faz parte do processo de amadurecimento, mas não significa que o indivíduo deve passar a vida toda se recriminando por um erro cometido. Na Bíblia, a parábola do administrador infiel é utilizada para explicar qual seria a melhor maneira de lidar com esse sentimento. Nela, o administrador teme pelo futuro sem sua atual fonte de renda, reconhecendo-se como incapaz de pedir esmolas ou de trabalhar fazendo esforço físico. Irá, então, associar-se aos que devem dinheiro ao seu patrão, fazendo com eles acordos desonestos. Na verdade, sentia-se culpado pelos erros cometidos no trabalho, mas agiu de modo errado em relação a tal sentimento (GRÜN, 2014c).

Esse autor vai dizer que por vezes somos muito duros com os outros pelo modo como julgamos a nós mesmos e, ainda, que reagimos com raiva frente às pessoas que ofendemos porque sentimos culpa em relação a elas. Uma culpa velada, suprimida nas sombras, não reconhecida, negada e, portanto, mal resolvida. A maneira correta de lidar com a culpa é confiar na misericórdia de Deus para conosco, pois Ele nos perdoa incondicionalmente. Não precisamos nos humilhar perante os outros, mas também não podemos ser arrogantes, com sentimentos de superioridade. Somos todos iguais perante Deus, com falhas ou não.

As tarefas executadas pelo ser humano, qualquer que seja seu grau de complexidade, podem ser prejudicadas pelo excesso de **ansiedade**. Esta é bastante complexa, manifestando-se de três formas: consciente, comportamental e fisiológica. Os sintomas serão variados, de acordo com o modo relacionado. Assim, na primeira delas, pode ocorrer um desconforto, hipervigilância, sensação de apreensão, insônia, perda de concentração, distorção da percepção. Entre as alterações comportamentais mais comuns, menciona-se o hábito de movimentar-se de um lado para o outro no ambiente e mover insistentemente as mãos, os pés ou outra parte do corpo. Pode haver ainda alteração no tom de voz ou na expressão facial do indivíduo sob ataque de ansiedade. No aspecto fisiológico, podem ocorrer: sudorese, palpitações, sensação de oco no estômago e náuseas (LANDEIRA – FERNANDEZ; CRUZ, 2007).

Esses autores chamam a atenção para os vários tipos de ansiedade, sendo o ataque de pânico ou crise de angústia uma dessas manifestações. Os pacientes com o transtorno de ansiedade generalizada são indivíduos excessivamente preocupados. O foco de suas preocupações é desproporcional à realidade, e o paciente é incapaz de relaxar. Poderá sofrer de diarreia crônica e outros distúrbios gastrointestinais, taquicardia e cefaleia, além de certos tipos de dor muscular. Mas, sem dúvida alguma, o mais grave se dá quando o paciente manifesta algum tipo de fobia social que o impede de trabalhar ou de conviver de modo saudável com outras pessoas, causando seu isolamento. Também em decorrência das crises ansiosas, poderão surgir as fobias.

O desenvolvimento de quadros de ansiedade por curto espaço de tempo poderá gerar o estresse pós-traumático, a reação aguda ao estresse. O pânico, por sua vez, manifesta-se por sensação de morte eminente, taquicardia, hipertensão, tontura, dor no peito, náuseas, sensação de asfixia (LANDEIRA-FERNANDEZ; CRUZ, 2007). O mundo de hoje é um mar de ansiedade. Sofremos antecipadamente pelos acontecimentos vindouros e, dessa forma, passamos a viver em função de um futuro que ainda não chegou e sobre o qual não temos nenhum controle.

Todas essas emoções às quais nos referimos desencadeiam em nosso corpo reações que podem ser altamente danosas, principalmente se forem sentidas com muita frequência. Ninguém está imune a elas. O que podemos fazer então? Apontarei, no decorrer deste capítulo, algumas sugestões para amenizar o problema.

A atividade religiosa como auxiliar no controle das emoções

A única maneira do indivíduo libertar-se de sentimentos que o escravizam é o autoconhecimento psíquico e espiritual. Só assim ele se torna o protagonista da própria história, comandando seus afetos e emoções. O ser humano é responsável pela própria felicidade, a qual será construída ao longo de sua vida a partir de suas escolhas. Ele possui uma grande capacidade de transformação e crescimento, devendo para isso empenhar-se na busca do autoconhecimento, a fim de sondar suas fraquezas; desse modo, poderá superá-las (ALBISETTI, 2004).

Um exemplo prático de como a Religião pode influenciar a saúde das pessoas, ajudando a controlar o medo, a ansiedade e tantas outras situações que lhes causam mal-estar, foi o estudo realizado com hipertensos desenvolvido durante o meu mestrado em Ciências das Religiões (PEREIRA, 2013), no qual pude observar uma redução no número de entrevistados que apresentavam tontura, dor no peito, vômitos e taquicardia, tanto no grupo de indivíduos que frequentavam assiduamente o culto de sua Religião, quanto no de pessoas menos religiosas. Também passou a ser menos frequente a ocorrência de choro fácil, de insônia e do medo de frequentar lugares públicos e de sair desacompanhados de casa. É importante salientar que alguns desses sintomas podem ser encontrados em mais de uma doença. Algumas vezes, o quadro sintomático pode estar relacionado a uma crise hipertensiva; em outras, está compondo o

transtorno de ansiedade generalizada ou a depressão, haja vista ser comum a associação dessas entidades nosológicas ou o agravamento de uma patologia em presença da outra.

Os resultados encontrados na referida pesquisa assinalaram, em muitos pacientes, o engajamento religioso como coadjuvante na manutenção do bem-estar físico e emocional dos pesquisados. Houve uma importante redução na sintomatologia dos pacientes estudados, sobretudo nas queixas relacionadas ao sistema nervoso (choro fácil, medo de estar em lugares públicos ou abertos, a sensação de que algo ruim está para acontecer), corroborando dados da literatura consultada, que apontam para uma relação direta entre religiosidade e saúde mental. A Religião tem sido forte aliada na condução do indivíduo ao seu bem-estar, estimulando o perdão, a esperança, o altruísmo, o amor ao próximo e um maior sentido para a vida. Deveria ser, portanto, mais uma estratégia utilizada a serviço da saúde pública, cabendo ao profissional buscar a melhor maneira de utilizá-la de acordo com as demandas e com o perfil de cada pessoa que procura o serviço. Vale salientar que o cuidado humanizado e a atenção aos aspectos subjetivos dos doentes podem ter contribuído para a melhora da saúde dos pacientes pertencentes tanto ao Grupo de Estudo (GE) quanto ao Grupo Controle (GC), reduzindo a ampla sintomatologia apresentada no decorrer do estudo (PEREIRA; KLÜPPEL, 2014).

A ansiedade joga o indivíduo em um rio de incertezas, minando sua capacidade de ter pensamentos positivos. Desenvolve-se então o hábito de ficar ruminando os pen-

samentos negativos, e a meditação pode ser utilizada para neutralizar tal efeito (NEWBERG; WALDMAN, 2009).

A **fé**, de acordo com Newberg e Waldman (2009) é a melhor maneira de exercitar o cérebro, independentemente da crença religiosa abraçada. Uma vida sem fé é permeada pela dúvida, e esta é comprovadamente danosa para as atividades cerebrais. Com a fé, o indivíduo conserva a **esperança** em um futuro melhor, tendo forças para continuar trilhando os caminhos que escolheu. As pessoas com fé são mais otimistas, e isso estimula o cingulado anterior, região cerebral de extrema importância no controle da ansiedade, depressão e raiva. O **pensamento positivo** aumenta a resistência a uma série de doenças, reduz o estresse, melhora a saúde mental, e seus efeitos se assemelham aos que são atribuídos à meditação, conforme afirmam os autores já mencionados neste parágrafo.

O perdão como antídoto para o sofrimento

O sofrimento é uma oportunidade para o indivíduo confirmar sua fé religiosa, servindo em muitos casos para uma maior aproximação com Deus, até mesmo em uma situação de enfermidade do próprio corpo ou de um parente próximo. Mais difícil ainda é quando se perde alguém próximo, mas todo sofrimento pode ganhar um significado quando visto sob o olhar de quem espera em Cristo (GRÜN, 2005).

Grün e Müller (2010) nos falam da existência de dois seres em um: o primeiro voltado para o meio exterior, e o segundo, para o próprio interior. De acordo com esses au-

tores, o primeiro estaria sujeito às doenças, à decomposição progressiva, enquanto o segundo conservaria a capacidade de renovar-se a cada dia. O sofrimento, segundo eles, seria uma maneira de quebrar a couraça que o indivíduo constrói em torno de si mesmo, abrindo-se para seu interior, ou seja, para sua alma.

Os sentimentos, tanto os bons quanto os maus, são inerentes à alma humana e refletem diretamente na saúde. Ao deparar com o sofrimento, o homem tende a assumir muitas vezes atitudes de desesperança, sentindo-se abandonado. Dependendo da intensidade de sua dor, desenvolve uma verdadeira revolta, principalmente quando acredita ter sido abandonado por Deus (BAKER, 2008).

Baker (2008) considera fundamental o modo como o indivíduo "escolhe" lidar com o sofrimento: optando por tornar-se alguém melhor, até mais forte; ou cedendo ao desespero, entrando em depressão profunda, entregando-se à própria dor e à solidão. A pessoa sente-se incompreendida, completamente só, mesmo que esteja rodeada por uma multidão. Ele chama a atenção também para o fato de que é ainda mais difícil lidar com a dor quando esta é fruto de uma decepção causada por alguém próximo, a quem se ama. Esse tipo de trauma vai minar a capacidade que o sujeito tem de confiar em outro ser humano.

No sofrimento, o homem geralmente mostra sua verdadeira face: áspera, cheia de orgulho e azedume, totalmente diferente do rosto de Cristo. O ressentimento envenena o

coração e a alma, causa doenças físicas e acelera a morte (Abib, 2014). Diante do sofrimento, o homem vê duas possibilidades: sucumbir à dor ou recorrer a Deus, procurando a restauração de suas forças. Na Bíblia, há inúmeras passagens que ilustram bem esse pedido de socorro e a persistência frente aos obstáculos:

> Ó meu Deus, escutai minha oração,
> atendei às minhas palavras (Sl 54,4).
> Mas eis que Deus vem em meu auxílio,
> o Senhor sustenta a minha vida (Sl 54,6).

O sofrimento também pode servir para moldar o caráter do homem. Às vezes, diante das dificuldades, o ser humano se compadece de seus semelhantes, que vivem em situação semelhante àquela que enfrentou ou enfrenta. Sem o sofrimento, o espírito pode definhar, pois, vivendo sempre de maneira confortável, o indivíduo não almejará por mudanças. A reflexão não é suficiente para motivar a busca pelo crescimento espiritual; parece que só o sofrimento possui a força suficiente para dar esse impulso para a conversão (Grün, 2014d). Outro trecho bíblico vai dizer que os que confiam no Senhor terão suas forças revigoradas, fortalecendo-se para a batalha:

> Mas os que esperam em Javé renovam suas forças, criam asas como águias. Correm e não se afadigam, podem andar que não se cansam (Is 40,31).

Nada é impossível para os que buscam a Deus e perseveram na fé. Por meio do poder do **perdão**, a pessoa maltratada, abusada física e emocionalmente, vai obter forças para curar as

próprias feridas. O perdão é libertador, quebra as algemas que prendem o ofendido ao ofensor, deixa-o livre das lembranças de um passado doloroso, opressor, abrindo caminho para um futuro mais leve, sem o fardo do ódio, da raiva contida, do medo de ser novamente atingido pelo outro.

Por meio da oração sincera, o ser humano abre o coração para o perdão, um dos estágios pelos quais o homem deve passar em busca de Deus, dando a cada dia novos passos em direção ao crescimento espiritual e à maturidade emocional (Tadeu, 2015). Abib (2010) é enfático ao dizer que, para haver cura, para que o doente possa receber a graça de Deus, deve haver perdão. Ele fala ainda da necessidade de perdoar até mesmo aos antepassados que nem conhecemos, como prerrogativa para alcançar a misericórdia divina e a subsequente cura. A falta de perdão, ao contrário, conforme afirma (Abib, 2010; Abib, 2014), constrói uma barreira que separa o homem de Deus.

Quando o coração humano se enche de ressentimento, recusando-se a perdoar, fica abarrotado de sentimentos ruins, que podem levar a um processo de autodestruição. O ofendido foca demais no seu problema, limitando seu campo de visão, e uma das prováveis consequências é a depressão. Jesus está disposto a escutar todas as nossas queixas e lamentações a respeito do trabalho, do casamento, dos problemas com os filhos. Ele nos oferece uma oportunidade de fazer uma verdadeira limpeza no coração, livrando-nos dos entulhos, deixando-nos leves. Para isso serve o perdão, e também para nos livrar de uma

provável hipertensão, gastrite, problemas respiratórios ou mesmo um câncer, desenvolvidos com o acúmulo de sentimentos negativos (ABIB, 2014).

O autor diz ainda que muitas vezes quem necessita desse perdão somos nós mesmos e que Deus está sempre de braços abertos para nos acolher, quaisquer que sejam as nossas falhas. O próprio Jesus investia muito do seu tempo para converter os pecadores. Como saldo positivo, após o perdão, nos é dada a alegria. O orgulho, a dureza de coração e o egoísmo nos separam da real felicidade: viver conforme o Evangelho.

Contudo, conforme esse autor retrata tão bem em suas explanações, perdoar não é fácil, pois o comportamento normal do ser humano, ao sentir-se traído, prejudicado ou humilhado, é partir para a desforra, para a vingança. Sem o auxílio divino, o perdão torna-se impossível. Decidir-se por essa atitude é função nossa, mas atingi-la só nos é possível com a graça de Deus.

Abib (2014) também chama a atenção para outra necessidade que o homem tem: de perdoar ao Pai que está no céu. Por mais que possa parecer absurdo, é verdadeiro. O ser humano se ressente com Deus na menor das dificuldades, culpando-o pela perda de um ente querido, pela decepção com alguém que ama, pela pobreza em que vive. Culpamos a Deus por todas as mazelas do mundo e, embora Ele não precise do nosso perdão, necessitamos perdoar-lhe.

Apesar da nossa condição de humildes criaturas, somos aceitos por Ele em qualquer condição. Ele nos perdoa e

aceita ser perdoado mesmo sem nos ter ofendido, pois seu amor de Pai é incondicional. Quem se recusa a reconciliar-se com Deus só experimenta desespero e desesperança. Por isso, Ele convoca-nos para fazer parte de seu exército de soldados: "Combatentes no perdão" (ABIB, 2014).

Oração: remédio para o medo e para a ansiedade

O **medo** e a **ansiedade** são considerados emoções irmãs, segundo Lorenzini e Sassaroli (2000), pois provocam as mesmas reações físicas no organismo humano. Ainda sob a concepção desses autores, no medo o motivo desencadeante seria visível para todos, enquanto na ansiedade a razão do mal-estar seria decorrente do sentido dado pelo indivíduo a certo obstáculo ou dificuldade. Em linhas gerais: o ansioso transforma facilmente um gatinho em um leão, temendo-o da mesma forma.

O medo faz parte da natureza humana, servindo muitas vezes para preservar a vida. Desde as épocas mais remotas da História, o homem é exposto a situações de risco, que ameaçam a perpetuação de nossa espécie. Diante disso, há duas alternativas: fugir ou lutar. Às vezes, quando se está diante de um predador mais forte, é mais prudente fugir; em outras ocasiões é melhor ficar e enfrentar o perigo de frente, tentar derrotá-lo de uma vez por todas.

O medo não deve ser ignorado, pois muitas vezes tem uma razão de ser, servindo de instrução. Ter coragem não implica na ausência do medo, mas sim em decidir agir com confiança mesmo quando achamos que poderemos não

atingir nossas metas e objetivos. Ser corajoso é dar uma resposta afirmativa diante da vida, apesar dos obstáculos que aparecem (BAKER, 2008).

O medo pode brotar da necessidade de controlar todos os eventos da vida e da consciência de que isso é impossível. O indivíduo afetado por esse sentimento teme os próprios pensamentos e a possibilidade de cometer alguma falha na vida, o que é inevitável. Um exemplo disso nas Escrituras é o que ocorre na parábola dos talentos, quando um dos servos simplesmente esconde o que recebeu de seu senhor por medo de perdê-lo ou de cometer erros. Ele então será punido, ao fim da parábola, pois foi o único que não multiplicou o que recebeu (GRÜN, 2014c).

Muitas vezes o ser humano teme demonstrar suas fragilidades, seus erros diante dos outros, o que prejudica seus relacionamentos e seu desempenho profissional, pois vive em permanente estado de alerta, preocupando-se com a imagem que as pessoas têm dele. A maneira certa de lidar com o medo é procurar as razões que o desencadeiam (GRÜN, 2004b).

Grün (2004b) constata que a preocupação com a vida cotidiana, com a sobrevivência, faz parte da vida neste mundo, uma vez que viver é perigoso e não há como prever tudo o que está por vir. Mas ocupar-se demais pensando nisso faz do trabalho um fardo pesado, um obstáculo à alegria e à criatividade. Ele aponta como solução a confiança na providência divina, não como exortação à preguiça, mas

conscientizando o homem de que não vale a pena gastar seus dias pensando que garantirá sua subsistência por seus próprios méritos. A **oração** então, afirma ele, separa o homem de tudo que o ocupa, dando-lhe a tão sonhada tranquilidade de espírito onde quer que esteja.

A Palavra traz como exemplo:

> Portanto, eis que vos digo: não vos preocupeis por vossa vida, pelo que comereis, nem pelo vosso corpo, como vos vestireis. A vida não é mais que o alimento, e o corpo não é mais que as vestes? Olhai as aves do céu: não semeiam nem ceifam, nem recolhem nos celeiros, e vosso Pai Celeste as alimenta. Não valeis vós muito mais que elas? Qual de vós, por mais que se esforce, pode acrescentar um só côvado à duração de sua vida? E por que vos inquietais com as vestes? Considerai como crescem os lírios do campo; não trabalham nem fiam. Entretanto, eu vos digo que o próprio Salomão no auge de sua glória não se vestiu como um deles. Se Deus veste assim a erva dos campos, que hoje cresce e amanhã será lançada ao fogo, quanto mais a vós, homens de pouca fé? Não vos aflijais, nem digais: "Que comeremos? Que beberemos? Com que nos vestiremos?" São os pagãos que se preocupam com tudo isso. Ora, vosso Pai Celeste sabe que necessitais de tudo isto. Buscai em primeiro lugar o reino de Deus e a sua justiça, e todas essas coisas vos serão dadas em acréscimo. Não vos preocupeis, pois, com o dia de amanhã: o dia de amanhã terá as suas preocupações próprias. A cada dia basta o seu cuidado (Mt 6,25-34).

Assim, a **despreocupação** é uma característica da alegria. Sua oponente, a preocupação, tira o ânimo para a vida, traz medo, intranquilidade, tortura mental, doença. O receio do que está para acontecer traz a inquietação

constante, tira o gosto pela vida, impedindo o ser humano de aproveitar o que a vida lhe oferece. Quando percebo o amor de Deus agindo, vejo a vida com outros olhos e acredito que tudo dará certo no final (GRÜN, 2005).

Quando, diante do medo, o homem se vê paralisado, sobretudo em sua fé, tem-se um problema muito sério. Baker (2008) discorre bem sobre como é importante saber lidar com o medo. Se essa emoção não for bem conduzida, o indivíduo poderá esconder-se dos seus opositores, acomodando-se em uma inércia mortal. Novamente, os textos bíblicos ensinam como sobreviver às situações desfavoráveis: procurando a ajuda dos irmãos e de Deus. Assim, vai dizer o salmista:

> Javé é o meu pastor, nada me faltará.
> Em verdejantes pastagens me faz descansar,
> e sobre águas tranquilas me conduz.
> Restaura minha alma
> e me guia por caminhos plenos de justiça,
> por causa do seu nome.
> Ainda que eu caminhe por vale tenebroso,
> não temerei mal nenhum,
> porque Tu estás junto a mim;
> teu bastão e teu cajado me deixam tranquilo (Sl 23,1-4).

O medo pode assumir proporções desastrosas, abrindo uma verdadeira ferida na existência de uma pessoa, assumindo características doentias, trazendo-lhe tristeza e desânimo para enfrentar os desafios da vida, podendo gerar um estado de paralisia. No entanto, também pode ser usado de modo mais positivo, servindo de alerta para nos afastar

de situações maléficas, como o pecado. As citações bíblicas do Gênesis nos levam a crer que esse sentimento entrou no coração humano em consequência da desobediência a Deus (EUNICE, 2007).

Quando antecipamos o medo aos acontecimentos de uma maneira exagerada, alimentamos outra emoção muito prejudicial à saúde: a **ansiedade**. Eunice (2007) nos lembra de que a ansiedade pode servir de combustível para tirar o indivíduo do comodismo, estimulando-o a buscar a realização de seus ideais, mas que se torna ruim quando o leva a preocupar-se demasiadamente com os provimentos materiais, com a possibilidade de um acontecimento desfavorável, como a perda do emprego ou a própria morte, que, como sabemos, é inevitável para todos.

Baker (2008) define tal estado como infelicidade, relacionando-a ao desconforto psicológico de estar sempre preocupado com o futuro. Esse autor também afirma que, por meio da religiosidade, o indivíduo restaura o equilíbrio perdido, afasta o medo, vencendo as inquietações do dia a dia, principalmente quando encara as dificuldades como oportunidades de fortalecimento do caráter. **A oração é uma excelente ferramenta para superar a ansiedade e o medo.**

O autor mencionado estudou cuidadosamente pessoas submetidas a situações de grande estresse, geradoras, portanto, de significativa ansiedade, e concluiu que a Religião não impede que as pessoas fiquem ansiosas. No entanto, os indivíduos religiosos retornam mais rápido à normalidade,

à felicidade, depois de situações que lhes provocaram sofrimento. A Religião é uma valiosa ferramenta para superar as épocas difíceis da vida.

Até os grandes homens da Bíblia tiveram medo, acharam-se incapazes de assumir suas missões, mas recorreram à fé para superar suas fragilidades e conseguiram vencer. Foi assim com Moisés, Abraão, Elias, Josué, Pedro e tantos outros. Deus sempre esteve lá, junto deles, empurrando-os para a frente, estendendo-lhes sua mão (EUNICE, 2007). Nós também podemos lançar mão dessa ferramenta (**fé**) para superar o medo, a ansiedade e qualquer pensamento negativo que nos afete.

O maior inimigo da tranquilidade, já dizia Grün (2004), é a cobrança que exercemos sobre nós mesmos. Muitas vezes não nos permitimos errar, nos importamos demais com a opinião dos outros a nosso respeito e, por isso, fazemos um esforço sobre-humano para manter nossas máscaras de perfeição diante da sociedade, da família, dos amigos. Então as inquietudes de algo que deixou de ser vivido e que fazia parte do destino que Deus traçou para nós gritam em nosso íntimo. Rebelamo-nos contra a própria imagem construída para os outros, por não ser compatível com nosso eu verdadeiro.

Uma das formas de quebrar esse ciclo vicioso de agitação em que vivemos no cotidiano é a adoção de rituais que nos desliguem do estresse do trabalho. Assim, antes de entrar em casa, devemos respirar fundo por alguns instan-

tes. É importante direcionar o dia desde o início, de modo que as coisas aconteçam sem tanta pressa. Dessa maneira, rezar antes de fazer qualquer outra atividade pode contribuir para o bom êxito do dia. Também podemos encerrá-lo com orações, principalmente quando somos assaltados pela insônia, pois de nada adiantará ficar rolando na cama, pensando nos problemas que nos atormentam. Melhor será entregá-los a Deus, confiando-lhe sua resolução, desprendendo-nos deles (GRÜN, 2004).

Quando buscamos a leitura orante da Palavra de Deus, podemos nos sentir revigorados em nossas forças. Ele nos dá prescrições de comportamento por meio de sua Palavra, que podem ser de grande valia para afastar o fantasma do medo. Como nesta passagem:

> Não afaste de sua boca este livro da Lei e medite nele dia e noite, a fim de conservá-lo, e faça tudo o que nele está escrito. E, desse modo, você há de ser bem-sucedido em seu caminhar; e terá sucesso. Não fui eu quem ordenou a você que seja forte e corajoso? Não tenha medo e não se sinta acovardado, porque Javé, seu Deus, vai estar com você por onde você andar (Js 1,8-9).

Para estabelecer um bom diálogo com Deus, o indivíduo deve primeiro procurar conhecer-se, e uma das maneiras de buscar esse autoconhecimento é por meio da respiração. Na inspiração, entro em contato com meu "eu" mais profundo, uma imagem mais próxima daquela que Deus formou para mim. Quando expiro, abandono máscaras e papéis por mim assumidos diante dos amigos, dos colegas de trabalho e dos estranhos, pois em cada ambiente

costumo comportar-me de determinada maneira, sem, no entanto, ser "eu mesmo". Para aproximar-me de Deus não posso mentir, tenho de ser verdadeiro (GRÜN, 2012).

Grün (2012) afirma que, após conhecer a si mesmo, o indivíduo pode vir a conhecer a Deus, como ser infinito e também como um Pai amoroso que se preocupa com ele. Se na oração surgirem dúvidas, podemos dissolvê-las pensando na pessoa de Cristo, passando em seguida a experimentar a presença de Deus Pai.

Qual deve ser então o conteúdo da oração? Poderá conter tudo: minhas alegrias, tristezas, angústias, do modo mais sincero possível. Por que devo rezar, se Deus já sabe de tudo? Para o meu próprio conforto, para me sentir seguro e protegido diante das incertezas da vida. A oração verdadeira liberta o homem de todo conflito, de toda opressão. Por meio dela, me desnudo diante de Deus, me exponho com todos os meus pecados, meus desejos mais obscuros, e com o lado mais sombrio da minha alma. Na presença do Pai, posso destituir-me da falsa imagem que idealizo de mim mesmo, permitindo que tudo se revele, deixando que todas as áreas da minha vida sejam transformadas (GRÜN, 2012).

De acordo com o autor, a oração pode conter pedidos para que se modifiquem as situações. Ao pedir, reconheço a onipotência de Deus sobre tudo o que me acontece, pondo minha vida em suas mãos. Ao pedir com fé, já me sinto reconfortado, independentemente do desfecho daquela situação que me aflige, uma vez que a entreguei a Deus. Por sua

vez, faz-se necessário o silêncio da nossa parte, para que possamos ouvir sua voz ecoando em nossos pensamentos, enchendo-nos com sua paz e com a alegria de saber que somos amados. Desse modo, podemos ouvir o que Ele quer de nós verdadeiramente. Silenciando e livrando-nos das distrações, podemos experimentar a unidade com o Todo-poderoso.

Grün (2012) vai dizer que a oração deve ser vivida em todos os momentos: no silêncio, no repouso, no trabalho, continuamente, em um eterno encontro com Deus. Pode ser realizada a partir de um versículo bíblico – como: "Jesus, tem piedade de mim!" (Mc 10,47) – ou simplesmente com a recitação do nome de Jesus. Se for adaptada ao ritmo da respiração, lenta, pausada e consciente, terá mais eficácia: inspiro sentindo a presença divina no coração, aquecendo minha existência, e expiro permitindo que Cristo percorra todo o meu corpo, atuando sobre sentimentos como raiva, amargura, cólera e desilusão.

Esse autor diz ainda que, ao manter a oração dentro de si, o ser humano liberta-se de suas preocupações e do peso do trabalho no seu dia a dia, pois surge um novo sabor em tudo o que faz, temperado pela misericórdia e pelo amor de Deus. As situações externas não mais determinariam suas emoções, pois a presença constante de Cristo lhe daria um distanciamento interior dos problemas e de pessoas que o afetariam negativamente. Por meio da oração, encontro-me com Deus, transformando a minha maneira de ver o mundo, tornando-me uma pessoa mais feliz e realizada.

Para fazer a vida "dar certo", é indispensável orar, buscando a cada dia estreitar as relações com Deus. Orar de maneira compenetrada é um auxílio no processo de acatar as decisões divinas para a nossa vida. Mas isso não me tornaria uma marionete nas mãos do Criador? Não, porque o Todo-poderoso respeita as nossas decisões, embora, para atingir o verdadeiro sucesso, devamos optar por uma vida de acordo com os planos do Pai que está nos céus. Ao aproximarmo-nos de Deus, por meio da oração sincera, permitimos que Ele caminhe ao nosso lado, livrando-nos dos perigos, direcionando nossa existência para o melhor (OMARTIAN, 2012).

A **oração** e a **meditação** são ferramentas eficazes para obter a tranquilidade de espírito, pois ambas conduzem o indivíduo à sua própria verdade e à sua experiência com Deus (GRÜN, 2004). Por meio da oração, o Espírito Santo vem em nosso auxílio, afugentando todo o mal, realizando até aquilo que nos é impossível por nossas próprias forças. Uma das ferramentas que Deus coloca a nosso dispor, para isso, é a oração em línguas, e uma das condições para ser atendido em nossas preces é demonstrar humildade, reconhecer-se impotente diante da vontade do Altíssimo (MENDES, 2007a).

Existem obstáculos à graça de Deus, dentre os quais podemos citar: o orgulho, a preguiça espiritual, a falta de fé. Diante das tentações, grandes e pequenas, só nos resta a fé para vencer o combate. É sempre oportuno lembrar que não lutamos com inimigos de carne e osso, mas contra principados e potestades do mal (MENDES, 2007a). Esse autor enfatiza o poder da oração em línguas, verdadeiro grito

da alma, por meio do qual se fala diretamente com Deus, com sons inteligíveis, podendo oportunizar a libertação em situações de opressão. Esse tipo de oração alimenta também no indivíduo a vontade de louvar a Deus, interceder, adorar, externando pela boca o que há no coração.

A oração é algo tão importante que, diversas vezes, Jesus se afastou das pessoas a sua volta para orar. Provavelmente, nesses momentos Ele entrava em unidade com o Pai celestial, tomando consciência de sua missão, entrando em contato com seu verdadeiro "Eu". Rezou ao ser batizado por João Batista, antes de escolher os apóstolos, antes de ser preso no Monte das Oliveiras, ao ser crucificado, perdoando a seus assassinos, e, finalmente, ao entregar seu espírito a Deus, em um último suspiro. Por meio da oração, Cristo se comunicava diretamente com Deus Pai e obtinha forças para vencer as tentações, sobretudo na noite em que suou sangue ao pensar na própria morte que se aproximava (GRÜN, 2006b).

O louvor e a alegria como antídotos para a tristeza

Nos Evangelhos, Jesus aparece como um homem que chora e sucumbe momentaneamente à tristeza. São exemplos dessas ocasiões: quando chorou ao pensar na destruição de Jerusalém, cidade tão amada por todos os judeus, e quando se aproximou das irmãs de Lázaro, vendo-as chorar pela morte do irmão. Derramou lágrimas de compaixão, de desgosto e impotência, ao notar que, apesar de seus esforços, muitas pessoas não se convertiam e ao constatar uma realidade muito dolorosa que aguarda todo ser humano: a morte (GRÜN, 2006b).

A **tristeza** e outras emoções aqui citadas fazem parte da vida. Todos nós perdemos algo ou alguém, o que nos deixa tristes. Mas isso é perfeitamente normal e não é prejudicial à saúde, desde que seja por um período limitado de tempo. Todos passam por um processo chamado luto após uma perda. O que determina o grau de estrago que isso poderá fazer no organismo é o modo como lidamos com a tristeza. Podemos supervalorizá-la, prolongando demais esse estado, desenvolvendo uma depressão profunda. Mas também podemos sair dessa situação sem maiores traumas, encarando a perda como o fim de uma etapa da vida, saindo dos estágios de negação, raiva e depressão para o de aceitação. Finalmente, o coração abre-se novamente para o amor, seguindo o curso natural da vida (Baker, 2008).

Esse autor fala da importância de sentir-se grato pelo que recebemos de Deus; às vezes, não são coisas boas, mas são necessárias para o nosso crescimento. Segundo ele, mesmo um indivíduo que sobrevive a traumas intensos pode descobrir motivos simples para **louvar ao Senhor** e, dessa forma, ter esperança de dias melhores, simplesmente por acreditar que Deus permanece ao seu lado nos momentos difíceis. Deus não nos quer tristes, nem derrotados. Na Bíblia, há inúmeras passagens que nos incitam à alegria, e aqui estão algumas delas:

> Alegrem-se sempre no Senhor. Repito: alegrem-se (Fl 4,4).
> Alegres na esperança, perseverantes na tribulação, constantes na oração (Rm 12,12).
> Alegrem-se os justos em Javé! Aos retos fica bem o louvor

a Javé. Louvem com a lira de dez cordas, façam músicas para Ele (Sl 33,1-2).
Eu louvarei a Javé em todo o tempo, seu louvor estará sempre em minha boca. O meu ser se gloria em Javé; que escutem os pobres e se alegrem (Sl 34,2-3).

Grün (2005) nos diz que é possível recorrer às fontes que nos abastecem com a **alegria** e que certamente estão presentes no fundo do nosso coração, basta que cavemos mais fundo em busca da água límpida. Um exemplo de como alcançar tal fonte é procurar recordar atividades que fazíamos na nossa infância e que nos enchiam de satisfação.

A alegria, arte de estar envolvido com o que se faz, possui propriedades terapêuticas, dando às pessoas prazer em viver, aproximando-as dos outros, e, por meio dela, o trabalho é executado com leveza e criatividade. Esse sentimento aflora quando somos solidários e executamos nossas tarefas com amor, quando desempenhamos da melhor maneira possível todas as habilidades que Deus nos deu. Como auxílio na cura de nossas feridas do passado, devemos nos recordar de lembranças alegres da nossa vida pregressa e nos esforçar para enxergar a beleza de tudo o que nos cerca cotidianamente (GRÜN, 2005).

A alegria a que se refere aqui não é diversão. Na verdade, ambas não têm muito a ver uma com a outra, uma vez que muitos buscam a segunda de modo incontrolável, o que constitui um vício. E, como se sabe, vício não traz felicidade, ao contrário, só traz sofrimento (GRÜN, 2007). Pesquisas sobre esse tema indicam que a verdadeira felicidade advém do

esforço para atingir metas, construir algo. A privação ajuda o ser humano a compreender o que realmente tem valor na vida, ensina a ser grato pelo que tem e pelo que conquistou. As dificuldades auxiliam no processo de aceitação do que está por vir, pois o sofrimento só ocorre porque a situação está sendo processada como tal (GRÜN, 2014c).

As pequenas tarefas diárias realizadas com serenidade trazem a sensação de grande satisfação. Dessa forma, o indivíduo não sofre por desempenhá-las. Ao desempenhar o trabalho na horta, por exemplo, passamos a dar valor aos legumes e frutas que chegam a nossa mesa, enquanto comprá-los em um supermercado por algumas moedas nos dá a sensação de que é sempre muito fácil obter o alimento (GRÜN, 2014b).

A tecnologia por vezes dá ao homem moderno a falsa impressão de que tudo nos vem fácil. Mas é oportuno refletir sobre isso, sobretudo ao ver nos noticiários televisivos a multidão de refugiados que caminha pela Europa em busca apenas de um lugar para poder viver em paz. Quanta dificuldade aquelas pessoas estão passando, enquanto nós estamos confortavelmente deitados em nossa cama assistindo às novelas na televisão! Fico surpresa ao ver, em meio a tanta dificuldade, crianças refugiadas sorrindo de modo tão espontâneo, brincando, sem se dar conta das desgraças que as tiraram de sua terra natal.

A espiritualidade é fundamental na vida do ser humano. Afinal, o homem não veio ao mundo por acaso. Grün (2005)

vai dizer que a alegria se faz presente quando o indivíduo se ocupa com aquilo de que realmente gosta, com o que Deus lhe designou como dom. Aí então reside sua espiritualidade pessoal: a poesia para alguns, a música para outros, e assim por diante. Quando o homem deixa transparecer sua marca espiritual intrínseca, sua voz assume um tom mais vivo, seu semblante se ilumina, suas dores se amenizam.

Uma maneira de resgatar a alegria de viver é lembrar-se das pegadas que nos conduzem à alegria da infância. O que fazíamos em momentos tristes, de tensão, de conflito? Que recursos usávamos para fugir dessas situações? Em que lugares nos esquecíamos dos problemas que nos afligiam? Alguns dizem que se sentiam bem cantando, outras brincavam com bonecas, subiam em árvores, escondiam-se em cabanas. Ficavam tão absorvidos com o estavam fazendo, que se esqueciam de todo o restante ao seu redor; sentiam-se seguros, fortes. Essa é a verdadeira espiritualidade pessoal, autêntica, legítima. Dessa forma, essas pessoas se sentiam unidas a Deus, verdadeiramente. Esse recurso pode ser usado na vida adulta, ajudando na cicatrização de feridas psíquicas que levam ao adoecimento físico e espiritual (GRÜN, 2005).

Ao contrário, quando as pessoas sentem certa resistência em praticar algo, mesmo que dentro da esfera de sua Religião, podem estar contrariando o caminho espiritual mais adequado à sua alma (GRÜN, 2005). Devemos nos lembrar de que Deus nos criou diferentes e com carismas variados. Onde está a alegria verdadeira, aí está Deus.

Mas onde está a verdadeira alegria? Certamente não está em ter muitas posses, riquezas, sucesso ou poder. Tudo isso traz uma alegria momentânea, fugaz. A fonte da verdadeira alegria está na liberdade, no desprendimento, na sabedoria de aproveitar cada momento, de sentir a brisa suave no rosto. Está em revigorar-se com o frescor de um gole de água para matar a sede, na beleza da paisagem pela qual passo todos os dias. A alegria está em tudo a nossa volta: na presença da pessoa amada, na inteligência do filho, nos frutos do trabalho. Está nas festas das quais participo junto à família e à comunidade. Os problemas existem, mas não representam a totalidade da vida, são apenas uma fração dela, não devendo ofuscar os bons momentos que posso ter ao lado de outras pessoas (GRÜN, 2005).

O autor citado chama a atenção para a importância de alegrar-se com a própria história de vida, com o próprio corpo. A nossa vida teve altos e baixos, mas tudo o que aconteceu contribuiu para que eu me tornasse o que sou hoje. Sou um ser único sobre a Terra, e sou amado por Deus como sou. Mesmo passando por alguma dificuldade, posso me encantar com a paisagem que me rodeia, com o canto dos pássaros, com a suavidade da brisa; em tudo podemos louvar a Deus, desde que voltemos nosso olhar para o mundo com fé e encantamento.

O louvor é possível, mesmo diante de turbulências, e só assim estaremos livres da intranquilidade que nos cerca. As ocasiões festivas são ótimas oportunidades para interromper o ciclo de problemas em nossa vida, mas, se esperásse-

mos a ausência deles no curso de nossa história, certamente nunca nos alegraríamos com nada. Por meio desse louvor, temos em nossa vida uma verdadeira festa, capaz de tranquilizar o coração humano (GRÜN, 2004).

Mesmo que venham as lágrimas, devemos confiar que Deus nos recompensará com a alegria, pois só Ele pode proporcioná-la de modo verdadeiro. A Palavra nos congratula com promessas de felicidade e nos mostra que os aborrecimentos podem estar sendo supervalorizados, o que com certeza afetará negativamente a saúde do indivíduo. A alegria obtida pelo sucesso no trabalho ou em um bom relacionamento é frágil, sobretudo quando comparada à alegria trazida pela oração, pela presença de Deus. No momento de comunhão, brota uma paz profunda que fica alojada na alma, no fundo do coração. Poderá ser encoberta pelos infortúnios, pelas decepções, mas permanecerá lá, mesmo que de modo latente, pois o ser humano nasceu para a alegria, sentimento que representa leveza, amplitude, serenidade, harmonia, tranquilidade. A meditação e a presença de Jesus Eucarístico reforçam essa alegria, ajudando na tarefa de resguardá-la dos espinhos do cotidiano (GRÜN, 2005).

Esse autor chama a atenção para o poder que tem o louvor em nossa vida, pois é por meio dele que percebemos a alegria dentro de nós. Podemos ver a presença de Deus em tudo, até mesmo nas situações de tristeza e perda, sabendo que Ele permanece conosco. Em alguns momentos, nosso coração pode ficar turvo pelas preocupações e pensamentos

negativos, mas, se oramos, resgatamos a alegria que está na base do nosso ser.

Omartian (2012) também enfatiza a importância da oração de louvor a Deus, quando o fiel agradece ao Pai tudo o que é ou possui, em um ato de humildade e reconhecimento, pois afasta a dúvida e a tristeza, ajudando a transformar a alma. Orando a Deus, constrói-se um caráter firme para resistir às ciladas do mal, bem como a pensamentos e emoções negativos.

O perdão e a compaixão como formas de combate à raiva

A **raiva** é a mais primitiva das emoções humanas, uma potencial geradora de ansiedade nos relacionamentos entre as pessoas, talvez porque interrompa o funcionamento do lobo frontal, fazendo com que o indivíduo perca sua racionalidade. O homem torna-se então insensível à causa do outro, uma vez que já não existe empatia no meio em que se instalou a raiva. Mas, com bastante treino, é possível responder a esse sentimento com delicadeza, evitando o desfecho mais desagradável de uma situação de conflito (NEWBERG; WALDMAN, 2009).

A raiva em si não é pecado, dependendo do modo como será canalizada: para o bem ou para o mal (NOGUEIRA; LEMOS, 2013). Um bom exemplo de raiva canalizada para o bem é quando Jesus se irrita ao ver comerciantes no templo em Jerusalém e os expulsa enfurecido (Mt 21,12). Grün (2014a) nos mostra dois modos de reagir à vivência desse sentimento: com uma atitude "não cristã", passível de

ser combatida, ou adotando um caminho para o nosso verdadeiro "eu", nossa essência verdadeira. Seria bom lançar a si mesmo a pergunta: "O que Deus quer me mostrar por meio dessa atitude raivosa? Será que estou atribuindo um poder demasiado aos outros? A raiva que sinto aponta para uma ferida na minha existência?".

Baker (2008) vai dizer que esse sentimento pode ser reflexo do medo, da frustração ou da mágoa. Segundo ele, para dissipar a raiva, é imprescindível descobrir suas raízes. Pode ser um importante meio que leva o indivíduo à ação, mas, se sua causa for a frustração, faz-se mister trabalhar intimamente, procurando resolver o problema. Se o indivíduo estiver irritado, provavelmente estará acionando seus mecanismos de defesa. Para aplacar essa emoção, deverá haver, da parte do outro sujeito envolvido, sabedoria e mansidão, para que não reaja da mesma forma; do contrário, haverá um confronto, uma discussão e até mesmo uma agressão. Nogueira e Lemos (2013) apontam o **perdão** como alternativa para combater a raiva motivada pela mágoa.

A raiva coloca o ser humano em contato com suas energias internas, podendo servir de canal a Deus se o homem assim quiser. Afinal, a santidade é conquistada à medida que são vencidas as tentações. Antes de dormir, devemos refletir sobre aquilo que nos irritou, procurando não nos agarrar a esses pensamentos, para evitar que nossos sonhos sejam povoados e dominados pela ira, o que acarretaria uma carga negativa para o subconsciente, per-

mitindo que a irritabilidade tome conta do dia seguinte (Grün, 2014b). Ao contrário, a **compaixão** pelo outro permite ao ser humano ser mais tolerante com suas falhas (Newberg; Waldman, 2009).

Esse sentimento, segundo os autores mencionados, nada mais é do que empatia, expressão da capacidade humana de responder à dor de seu semelhante, tentando ajudá-lo. A sede desse sentimento no cérebro, o cingulado anterior, é uma região evolutivamente nova na nossa espécie, sendo de extrema importância para a atenção, memória e motivação, além de ser a área do nosso cérebro que associa a figura divina ao amor, reduzindo o medo, a ansiedade e a raiva. A prática religiosa pode então ser usada para inibir a tendência à ganância e à hostilidade, que podem estar latentes na alma humana.

Conclusão

Para ter uma vida mais feliz, devemos educar nossos sentimentos, controlando nossas emoções, gerenciando-as de modo mais centrado, mais inteligente. Deixar-se dominar pela ira, atacando o outro, pode trazer muitos danos aos relacionamentos humanos. Ao contrário, desenvolver uma empatia com as pessoas é sempre muito positivo (Punset, 2008). É bom lembrar que a felicidade não está nas coisas externas ao "eu", ou seja, nos bens materiais e nos prazeres. Faz-se necessário o questionamento: "O que me faz bem? O que é relevante ao meu ser espiritual?". Não há prazer eterno. Tudo na vida

passa, até o que é belo torna-se sem graça. Mas as crises existenciais, quando bem vividas, conduzem ao crescimento e à verdadeira felicidade (GRÜN, 2014d).

Afastar as condições que geraram a enfermidade auxilia o organismo a restabelecer seu estado de equilíbrio. Pessoas que enxergam Deus como remédio para sua vida geralmente são mais felizes e satisfeitas. As grandes religiões e até a Organização Mundial de Saúde (OMS) recomendam o combate ao estresse e aos pensamentos negativos como forma de promoção da saúde.

As emoções negativas predispõem à redução da resposta imune, além de comprometerem os sistemas endócrino e cardiovascular. O contrário ocorre quando a mente se ocupa de bons pensamentos. Assim, emoções ou atitudes positivas – como amor, esperança, alegria, compaixão, perdão, gratidão – são benéficas para a atividade fisiológica humana.

Mas como controlar os pensamentos que chegam ao nosso cérebro a todo instante? O certo é que não se pode impedir que os maus pensamentos nos assaltem, mas é possível espantá-los para regiões distantes. A todo instante chegam à mente humana ideias temerosas de fracasso nos projetos que se deseja levar adiante ou de que a vida que se tem não é boa, quando comparada à daquele colega do colégio, primo ou amigo (OMARTIAN, 2012). Essa autora aponta como solução para esse problema a leitura da Palavra de Deus, verdadeira armadura de luz que o

ser humano tem à sua disposição. Pensamentos de medo, tristeza, dúvida, agitação e ansiedade, conforme completa a autora em suas reflexões, não provêm de Deus, que exaure paz, tranquilidade, segurança, fé e esperança.

5

O corpo fala por meio dos sintomas

Introdução

O corpo humano é, como todos sabem, recoberto pela pele. Esta, por sua vez, pode demonstrar quão saudável, ou quão doente, está o indivíduo, por meio de sua coloração, de manchas aparentes, da temperatura. Mas, quando o exterior demonstra a enfermidade que carrega, muitas vezes a cura física já não é mais possível. Por isso, tantos exames hoje em dia são feitos a fim de descobrir o que se passa com os órgãos internos, na tentativa de chegar logo a um diagnóstico. Contudo, também não podemos desprezar o abatimento do espírito, pois este impulsiona o corpo; embora invisível, enorme é sua importância para a vida física (JAVARY, 2014).

Muitas vezes, aquilo que o corpo manifesta por meio de doenças reflete feridas da alma tão profundas, que necessitam de cura interior ou espiritual. O fato é que os relatos

bíblicos de cura estão sempre associados à conversão, ao perdão, não se restringindo meramente aos aspectos corporais dos enfermos. Este capítulo demonstrará a importância da linguagem corporal para entender o que se passa no íntimo do nosso ser e, por que não dizer, nas profundezas da nossa alma, do nosso coração.

Os sintomas e as doenças como reflexo do interior humano

O corpo é templo do Espírito Santo e como tal deve ser tratado, cuidado. São Paulo, em sua primeira carta aos Coríntios, chamava a atenção para a importância de mantê-lo incorruptível, longe do pecado. O fiel deve ter em mente que o corpo não é mera carcaça, mas um invólucro da maior importância, tendo continuidade com o próprio Cristo que deu a vida por todos (JAVARY, 2014).

Autores como Dahlke (2007) relacionam o aparecimento de inúmeros sintomas a problemas vivenciados pelas pessoas em diversas fases de sua vida, que não são necessariamente simultâneos. Ele fala, por exemplo, que pessoas que passam a vida toda suportando situações que lhes são insatisfatórias, sem esboçar qualquer reação, poderão desenvolver um câncer no futuro. Do mesmo modo que as células estão sendo agredidas no interior do corpo e se esforçam ao máximo para continuar desempenhando sua função com maestria, o indivíduo suporta cargas enormes de conflito em casa, no ambiente de trabalho, sem demonstrar sua insatisfação ou buscar novos caminhos para sua existência.

O preço, afirma, poderá ser caro demais: a própria saúde. Esses indivíduos oprimidos passam períodos enormes de tempo completamente assintomáticos, até que, de repente, estoura a bomba: descobre um câncer. A personalidade das pessoas que potencialmente serão portadoras dessa doença é aquela dos que deixaram de viver sua vida plenamente, não buscaram seus sonhos, suas aspirações. Simplesmente tocaram a vida, sem novas perspectivas ou maiores anseios. Buscaram desempenhar apenas seu papel de mães ou pais de família, de filhos atenciosos com seus pais, de meros subordinados ao chefe, em detrimento de sua realização pessoal (Dahlke, 2007).

Em outra obra sua, Dahlke (2000) chama a atenção para a composição individual de cada pessoa, que se divide em: ego, porção aceita por cada um, e sombra, parte rejeitada, com a qual não nos identificamos. Segundo ele, as doenças surgem devido ao nosso esforço em manter certas características do "eu" na "sombra"; em outras palavras, desenvolvemos verdadeira aversão por certas porções da nossa personalidade.

Sem a intenção de repetir tudo o que está exposto na obra de Dahlke (2007), este livro se detém em algumas de suas análises sobre as manifestações sintomáticas, para que o leitor tenha uma ligeira noção de como se dá a linguagem da alma por intermédio dos diversos sintomas que podem acometer o indivíduo ao longo de sua vida.

A **paralisia facial** seria resultado de uma profunda fissura da alma que se refletiria no meio externo. De um lado, es-

taria alguém que mantém tudo sob controle, a duras penas. Do outro, estaria um sujeito caído, insatisfeito em seu íntimo, e que agora vem a público por meio do referido sintoma. Segundo o autor mencionado, esse indivíduo, que seria alguém internamente fragilizado por algum acontecimento de sua vida, se manifestaria por intermédio de um lado da face com aparência desagradável. Mas, insistindo em manter as aparências de uma vida "bem-arrumada", conservaria um lado do rosto "perfeito", na tentativa de perpetuar suas antigas condutas que secretamente não o fariam feliz.

Aparentemente, a pessoa possuiria duas caras, reflexo de suas duas identidades. Uma desistiu de tentar se impor, seria indiferente, e até mesmo a ausência da prega na testa possuiria significado: desistiu de cismar com as coisas. O canto da boca do lado flácido estaria caído, refletindo um estado de ânimo ofendido ou rabugento, que faz questão de aparecer e demonstrar sua tristeza, quando esta for sentida. O olho com pálpebra caída quer dizer que não há nada importante para ser visto, e o fato de tampouco fechar-se por completo pode levar facilmente a lesões da córnea por ressecamento, o que ocorreria porque o paciente não consegue ter paz.

Uma das personalidades da pessoa acometida pela paralisia dos músculos da face tem vontade de gritar. Quando ocorre dentro do quadro da doença a perda do paladar, fica totalmente claro que a pessoa perdeu o gosto pela vida, e a saliva caindo de modo incontrolado demonstra cobiça, desejos secretos não manifestados. A Medicina tradicional pouco faz nesses casos, tentando inibir o processo com cor-

ticoides e prescrevendo repouso. Este realmente se faz necessário, para que haja recolhimento e reflexão. A solução se dá quando o doente admite possuir dois lados diferentes no seu íntimo, um dos quais negligenciado.

O ruído nos ouvidos é um mal que aflige milhões de pessoas em todo o mundo, sendo fonte de sofrimento, pois o indivíduo é perturbado por murmúrios, batidas, uivos, assobios, sons de sino tocando. Na maioria das vezes, está relacionado ao estresse, e mais uma vez estamos diante de alguém que se sente agredido pelo meio externo e internaliza esse sofrimento. Cada som reflete um significado específico: as batidas ocorrem pois há necessidade de dar atenção ao problema; o som de despertador é para acordar; o uivo avisa a proximidade de uma tempestade na vida do indivíduo.

O paciente começa a ouvir tais barulhos quando "o copo recebeu a última gota e está avisando que irá transbordar". O silêncio interno já não existe, e o indivíduo sente então a necessidade de buscar a tranquilidade, algo que a sociedade barulhenta não proporciona às pessoas hoje em dia. O indivíduo acometido por esse *tinnitus* está internalizando o estresse em uma tentativa de manter tudo funcionando. Com isso, o meio interno fica abarrotado demais, sem espaço; daí o barulho interior. Um dos modos de minimizar o problema é aprender a lidar com ele, convivendo com o barulho sem sentir-se tão incomodado.

É necessário ouvir a voz interior ou intuição que todos nós temos e que muitas vezes ignoramos. Ao fazermos

silêncio para escutá-la, não ocorrerão mais os barulhos. Quando a verdade passa a nortear a nossa vida, sentimos uma melhora substancial em nossa saúde. Minha sugestão pessoal para lidar com esse problema é dedicar parte do dia para uma atividade física, na qual o estresse poderá ser extravasado, e um momento para a oração pessoal, na qual o indivíduo silencia, podendo ouvir a Deus e a si mesmo.

A Medicina tradicional enumera várias causas para a dor do ombro irradiada para o braço (**Síndrome ombro--braço**) devido ao comprometimento do plexo cervicobraquial, rede nervosa responsável pela inervação dessa área. O indivíduo sente dores no braço ao executar os movimentos e tem dificuldade em elevá-lo acima da altura do ombro, além de uma permanente sensação de peso.

Do ponto de vista psicológico, o paciente está com dificuldade em gerir a própria vida e está assumindo algo que lhe é secretamente penoso. Para interpretar corretamente o problema, é importante saber se é o lado direito ou o esquerdo que está sendo afetado, pois o primeiro é dominante, masculino, responsável pelas decisões; enquanto o esquerdo é feminino e submisso e tem o hábito de pedir. Com o lado direito afetado, o esquerdo tem sua chance de atuar, sendo mais dócil e ameno. Quando é o esquerdo, deve-se parar de mendigar, de pedir, partindo para a ação.

Certa vez, atendi uma pessoa com esse problema, e, no seu caso, o lado esquerdo do corpo era o atingido. Sabemos que não é muito comum que o braço ou o punho esquerdo

sejam atingidos por tendinite, quando se é destro principalmente. Geralmente, os movimentos repetitivos sobrecarregam a parte do corpo que mais usamos. No seu caso, havia uma sobrecarga de trabalho, mas não do ponto de vista braçal, e sim intelectual: ela não se sentia valorizada naquilo que fazia, mas continuava por questões financeiras. Não estava satisfeita com o cargo que ocupava, tampouco com o ambiente de trabalho. Do ponto de vista matrimonial, não dependia economicamente do marido, mas mendigava sua atenção e carinho. Não se sentia segura emocionalmente. Seu lado direito precisaria atuar mais na tomada de decisões na vida, tanto na esfera profissional quanto na afetiva.

A **tensão nos ombros** muitas vezes se reflete no corpo sob a forma de dores nas costas. Essa carga nem sempre é sentida do ponto de vista mecânico, mas emocional, quando o indivíduo sente sobre seus ombros algo que não carrega com prazer. Quando a missão é assumida com amor, torna-se leve, ainda que seja difícil. Do contrário, quando não se admite aquilo para que foi chamado, o fardo será insuportável, revertendo-se em sintomas. Há duas opções: continuar com a carga de modo consciente, mas com aceitação, ou descarregá-la, pois está tornando a vida intragável e dolorosa. Dahlke (2007) vai dizer que para alguém se livrar de um fardo precisa primeiro conhecê-lo.

Outro dos meus pacientes apresentou, em determinada época em que dele cuidei como médica da família, insuportáveis dores nas costas, que tornavam difícil até a respiração. Como leigo, acreditava estar com um tumor no

tórax, me pedindo insistentemente uma tomografia, mas seus exames não deram nada significativo para tamanha sintomatologia. Por outro lado, ele estava enfrentando uma verdadeira crise de identidade profissional: tinha vontade de largar o emprego, mas não podia, pois era o provedor da família. Prescrevi para ele fisioterapia e anti-inflamatórios, pois não me restava outra coisa a fazer do ponto de vista médico tradicional. Nem sempre podemos ter uma atuação realmente efetiva, curando o doente, restando-nos apenas aliviar sua dor.

Jesus já dizia:

> Venham a Mim, todos vocês que andam cansados e curvados pelo peso do fardo, e Eu lhes darei descanso. Carreguem minha carga e aprendam de mim, porque sou manso e humilde de coração, e vocês encontrarão descanso para suas vidas. Pois minha carga é suave e o meu fardo é leve (Mt 11,28-30).

A solução pode estar em procurar força e refúgio na oração, na meditação, na adoração ao Santíssimo Sacramento, como forma de alívio para os problemas que nos afligem. Mesmo sendo uma pessoa vocacionada para determinada profissão ou estado de vida, haverá uma época em que o corpo se ressentirá da carga assumida. Faz-se necessário fortalecer a alma para então dar novo ânimo ao corpo.

A tendinite ou inflamação dos tendões é sempre tida como consequência dos esforços repetitivos em atividades como digitar textos ou tricotar. Mas a causa por trás dela não é puramente a atividade em si, mas a atitude tensa que se esconde na execução da tarefa. Assim, confeccionar peças com

trabalhos manuais pode ser prazeroso, não desencadeando doença alguma. Mas, ao contrário, se estou inconscientemente resistindo a alguma coisa, poderá ser desencadeada a inflamação da bainha que recobre os tendões.

Consequentemente, o paciente é chamado à reflexão por meio do repouso. O problema é que, na maioria das vezes, não ouvimos os sinais que nosso corpo nos manda por intermédio de certos sintomas: a insatisfação com que se faz a tarefa, a tristeza guardada no coração, a falta de motivação, o sentimento de alienação ao desempenhar tal função. Ao insistirmos em ignorá-los, adoecemos cada dia mais. Neste caso, a solução seria mudar o trabalho ou passar a encará-lo com uma postura diferente.

O ser humano nasceu para ultrapassar limites. Certamente está aí a razão de tantos profissionais frustrados, pois não se reciclam, não aprendem coisas novas. Ficam simplesmente repetindo procedimentos-padrão, sem a menor criatividade no que fazem; em contrapartida, tornam-se infelizes e doentes. O resultado disso: um mau profissional, aborrecido, mal-humorado, que, portanto, não se empenhará em servir aos outros em sua função.

Não é fácil sair da zona de conforto, de um emprego estável, muitas vezes de sua cidade natal ou de seu país, para tentar uma nova sorte. Mas o resultado poderá ser surpreendente para a vida do indivíduo, que se sentirá bem melhor. O ser humano gosta de inventar e reinventar, sobretudo no trabalho. Um bom exemplo do quão sa-

lutar essa atitude pode ser foi a maneira de viver de Oscar Niemeyer, que trabalhou até morrer naquilo que gostava, tendo vivido por mais de um século de forma lúcida e produtiva para a sociedade.

Ao desenvolver um **câncer de mama**, a mulher tenta esconder o quanto está ferida e zangada. O tecido delicado e macio da mama é substituído por outro duro, maligno, indesejável. Sua alma está mais aflita do que ela admite para os outros, e toda a agressividade reprimida emerge agora no seu seio, símbolo de maternidade e de feminilidade. A mulher, no auge de seu drama, optou pelo recolhimento, pela renúncia da sua condição de ser fêmea. Em última análise, o desenvolvimento de um câncer pode significar que o indivíduo não está realizando plenamente os ideais para os quais foi criado.

Ao perder uma mama, perde-se muito mais que um órgão, estando em jogo a feminilidade e o modo de lidar com a vida, que, sem dúvida alguma, deve ser modificada, caso se pretenda ter uma longa e boa sobrevida. Para a profilaxia do câncer, Rüdiger Dahlke sugere que se trilhe um caminho corajoso e singular na vida, próprio de cada pessoa.

Quem já sofreu ou tem um parente acometido por um **derrame ou Acidente Vascular Cerebral (AVC)** sabe que um dos lados do corpo fica "esquecido". Isso se dá porque o indivíduo deixou uma metade de seu ser negligenciada. Há diferenças entre os pacientes, conforme o lado afetado. Assim, quando a parte cerebral atingida é a esquerda (feminina), o

lado do corpo que ficará paralisado será o direito (masculino). Caso seja afetado o hemisfério cerebral direito (masculino), ficará sem movimento e sensibilidade o lado esquerdo (feminino). O paciente terá de esforçar-se para reaprender a executar tarefas com o lado afetado.

Quem sobrevive a um derrame deve fazer-se algumas perguntas, como: "Qual metade do meu corpo foi deixada sem ação?"; "O que o aumento da pressão sanguínea significa em minha vida?". Também é fundamental que se questione sobre o que falta em sua existência para vivê-la plenamente. Sem dúvida alguma, são adequadas e atuais as ideias desse autor, segundo as quais a doença constitui-se na linguagem da alma. Quando o espírito não vai bem, o corpo começa a dar sinais de alerta. Resta-nos procurar descobrir por que estamos adoecendo e resolver o problema, antes que seja tarde.

Dahlke (2007) afirma que as pessoas devem lutar por seus ideais, sair de sua rotina massacrante, rebelar-se de vez em quando frente às regras que as oprimem, pois, o estado de normopatia, ou seja, de falsa paz, em que vivem, externando para todos alguém que não corresponde a seu verdadeiro "eu", produz agressões celulares que se transformarão em uma neoplasia. Indivíduos que suportam tudo e permanecem calados, guardando suas dores em seu coração, que não dizem um "não" quando desejam, e que também não dizem um "sim" de coração aberto, sofrem com essas atitudes, transportando-as para seu íntimo. Esses serão os potenciais desenvolvedores de um câncer, segundo esse autor.

A cefaleia ou dor de cabeça aflige cerca de 20% dos seres humanos contemporâneos saudáveis, predominantemente mulheres, sendo mais frequentes em pessoas das classes sociais privilegiadas. Dethlefsen e Dahlke (2007) consideram a cabeça um órgão de alarme dos mais sensíveis. Dores de cabeça indicam o mau uso dos pensamentos e ideias infrutíferas. É um sinal para desapegar-se dos objetivos de subir na vida a qualquer custo e para abandonar a busca por uma segurança material que não se pode obter. De acordo com esses autores, a **enxaqueca**, que seria uma cefaleia sentida apenas na metade do crânio (hemicraniana), muitas vezes pulsante e acompanhada de alterações visuais, reflete problemas de ordem sexual, uma desarmonia entre o desejo e os pensamentos. A pessoa estaria transferindo para a cabeça a própria sexualidade, tentando resolvê-la nesse nível.

Interessante também a interpretação que os autores supracitados fazem de acontecimentos que levam a acidentes ou a fraturas ósseas, que podem ser comumente apontados como decorrentes de causas externas de adoecimento ou morte. Eles relacionam as **fraturas** com a rigidez de caráter, um apego demasiado às regras, tornando a pessoa inflexível, pouco tolerante com os outros. Os idosos geralmente têm maior propensão às fraturas e são menos flexíveis que os jovens em admitir desrespeito às normas. A quebra de um osso é uma oportunidade para o indivíduo parar e talvez programar uma mudança importante em sua vida que vem sendo adiada.

Certos psicanalistas, como Freud, sugerem que os **acidentes** podem ter uma motivação inconsciente. Existiria uma personalidade com predisposição maior para os acidentes. Esses acontecimentos devem ser encarados como uma oportunidade para o indivíduo questionar-se sobre o rumo que está dando às coisas em sua vida: seu casamento, seu emprego. Algumas vezes, estamos muito insatisfeitos com o andamento de um determinado setor de nossa vida, mas não o abandonamos ou modificamos por falta de coragem. Até mesmo **acidentes domésticos**, como queimar a pele ou a língua, têm sua simbologia: o indivíduo pode estar ignorando ou desconhecer alguma situação de risco a que está exposto. De modo geral, os ferimentos na pele significam um questionamento do eu (DETHLEFSEN; DAHLKE, 2007).

O fato de muitas crianças e adolescentes terem o hábito de **roer unhas** (onicofagia) significa que estão reprimindo sua própria agressividade, que muitas vezes não pode aparecer frente à pessoa do pai ou da mãe. Os pais que têm filhos com esse problema devem reavaliar seus métodos educativos, não devendo impor-lhes castigo por esse motivo.

As **gripes e resfriados** são acompanhados de uma extensa lista de sintomas, como: coriza, cefaleia, dores no corpo, espirros frequentes, lacrimejamento ocular, moleza no corpo, obstrução nasal, dor para deglutir, tosse. Ocorrem quando o indivíduo se sente oprimido, obrigado a engolir algo que não quer mais. Então, acometido por essa vasta sintomatologia, é levado ao repouso de modo legitimado por sua doença, pois todos entendem que é necessária a sua

permanência em casa para recuperar-se e para não transmitir para os colegas a doença com que foi acometido. Os problemas se liquefazem sob a forma de muco, eliminando toxinas do organismo, o que deixa o doente mais fortalecido para enfrentar a vida cotidiana, até que se instale uma nova crise.

Conclusão

Como diz Grün (2011), para experimentar Deus, o homem deve ouvir o que lhe diz o corpo. Uma saída para livrar-se dos sintomas ou simplesmente não os desenvolver seria, de acordo com o pensamento de Dahlke (2007), escutar a voz interior quando ela nos diz que há algo errado na maneira como estamos conduzindo nossa vida. Igualmente importante seria prestar atenção nos sonhos, quando estes permanecem em nossa memória. Pode ser de grande valia ouvir uma música e meditar, transportando-se por meio de imagens para lugares distantes ou para dentro do próprio organismo. A atenção dada ao corpo reflete a importância que o sujeito está atribuindo à sua alma. Segundo o autor, quando o ser humano se recusa a ir ao encontro de seu mundo interior, este virá até ele sob a forma de sintomas ou de doenças.

A Medicina tradicional, na maioria das vezes, oferece soluções práticas, rápidas, mas que não atingem a cura da doença em sua essência. A Medicina menos convencional trilha caminhos mais tortuosos e longos, mas que tentam ensinar ao indivíduo maneiras de chegar à gênese do problema que ocasionou a patologia, alcançando a cura por

completo. Tal como acontece com os heróis dos contos de fadas e dos mitos, o ser humano percorre caminhos difíceis de desbravar, munido de muita coragem, ao decidir buscar o autoconhecimento. Mas, assim como nos já referidos contos, a recompensa será valiosa. O caminho para a cura passa pelos ensinamentos de Cristo, e devemos viver de modo ousado, sob a luz do Evangelho, que ordena: "Ama teus inimigos" (DAHLKE, 2007).

Em outras palavras perdoe e ame o próximo como a si mesmo. Feito isso, não haverá espaço para o ódio, o medo, a ansiedade, o desespero, a inveja, a ganância, a falta de escrúpulos, sentimentos altamente corrosivos que prejudicam a paz interior, inquietam o coração humano e lhe tiram a saúde.

O próprio Cristo não escondia suas feridas após a ressurreição, demonstrando com isso que muitas vezes permanecerão sequelas no corpo após a cura de algum mal. A constituição física do homem não é a mesma de antes após uma enfermidade: permanecerá sempre a sua condição de fragilidade perante o tempo. Jesus mostrou a Tomé as marcas da crucifixão, sem com isso diminuir sua glória por ter vencido a morte por toda a eternidade. O sofrimento do corpo pelas doenças por vezes deve ser lembrado como forma de disciplina e aprendizado, fortalecendo, sobretudo, o espírito para nosso maior combate: resistir aos apelos da carne de ceder ao pecado (JAVARY, 2014).

Não tenho a intenção de convencer o leitor de que se ele adoece é por sua própria culpa. Não se trata disso. O

objetivo deste capítulo é levá-lo a refletir um pouco sobre suas escolhas, sobre seu ritmo de vida, pois muitas doenças são um reflexo de como vivemos. Um dia, fatalmente, todos adoecem, e a vida poderá chegar ao seu fim. Durante a vivência de uma doença, o enfermo deverá perdoar-se por adoecer e procurar forças para recuperar-se. Como diz Dossey (2015), se a espiritualidade fosse suficiente para impedir totalmente as doenças, os santos e místicos teriam todos uma vida longa e saudável; e, como se sabe, não tem sido bem assim. Eu, particularmente, cito como exemplo desse contrassenso a figura doce e carismática de São João Paulo II, atormentado pelo mal de Parkinson durante muitos anos, até a morte. Portanto, adoecer não é crime, é simplesmente humano.

6

A saúde sob o ponto de vista das várias tradições religiosas

Introdução

A oração existe independentemente de afiliação religiosa, de templos religiosos ou cerimônias formais. Deus é amor e, portanto, não faz distinção de pessoas nem de credos. O efeito desencadeado no organismo pela oração cristã que repete o nome de Maria ou de Jesus é semelhante àquele deflagrado ao recitar-se um mantra. Experimentos científicos têm encontrado bons resultados em várias denominações religiosas, não apenas em uma determinada crença. Mais valem as intenções do coração, a autenticidade e a compaixão da pessoa que ora do que a Religião que professa. Existe até mesmo a oração feita por pessoas agnósticas, que dizem fazer petição "a quem interessar possa", ou seja, para qualquer Ser superior que as esteja ouvindo (Dossey, 2015).

O autor supracitado vai dizer que a oração completa pode ser feita durante as atividades do cotidiano, ao realizar

tarefas simples, em seu trabalho ou cuidando de seus filhos. A perfeita oração é aquela que resulta do testemunho de vida da pessoa. Dessa forma, sem pressões ritualísticas, vem a prece espontânea, na qual os sentimentos sagrados surgem naturalmente.

A Igreja Católica abre-se paulatinamente ao ecumenismo e ao diálogo inter-religioso, sobretudo após o Concílio Vaticano II. É da vontade de Deus a unidade entre as igrejas, conforme expressa a passagem bíblica:

> Para que todos sejam um, assim como Tu, Pai, estás em Mim e Eu em Ti, para que também eles estejam em Nós e o mundo creia que Tu Me enviaste. Dei-lhes a glória que Me deste, para que sejam um como Nós: Eu neles e Tu em Mim, para que sejam perfeitos na unidade e o mundo reconheça que Me enviaste e os amaste, como amaste a Mim (Jo 17,21-23).

Neste capítulo, tentamos trazer a mesma lógica de unidade para o âmbito da saúde, procurando mostrar o modo como é encarada sob a ótica das mais variadas religiões.

A saúde sob o ponto de vista do catolicismo

Soares (2011) entende que para ter saúde faz-se mister preservar a fé, pois, do contrário, a alma seria doente, e, por tabela, também o corpo adoeceria. De acordo com suas concepções, o homem deve viver e ajudar os outros a viverem para, então, ser capaz de curar. A saúde integral do indivíduo pode ser obtida por meio da busca incessante pela santidade, tendo como principal ferramenta o Evangelho.

Ainda de acordo com esse autor, a cura no âmbito cristão está totalmente atrelada à espiritualidade, a exemplo dos milagres realizados por Jesus, que sempre ensinavam algo ao doente e aos que estavam presentes na ocasião. Ele analisa a cura da mulher que padecia de uma hemorragia há 12 anos e da filha de Jairo, chefe da sinagoga, com 12 anos de idade. Sua análise relaciona essas duas curas com as 12 tribos de Israel e também chama a atenção para o fato de que aquela mulher era excluída do meio social por um sistema opressor que paralisava as pessoas; da mesma forma, aquela menina jazia paralisada em seu leito. Jesus realiza as duas curas, aproveitando as situações de maneira pedagógica e mostrando ao povo a Verdade libertadora (o próprio Cristo), por meio da rica teia simbólica que permeava os acontecimentos ao seu redor.

A partir do século XVI, a Igreja instituiu sete Sacramentos para os católicos: Batismo, Confirmação, Eucaristia, Penitência, Unção dos Enfermos, Ordem e Matrimônio, sendo os três primeiros ritos de iniciação, marcando a passagem do indivíduo para a vida cristã (SOARES, 2011). E que importância tem isso para a saúde?

Quando se almeja a saúde integral, o indivíduo deve ser visto e cuidado no seu todo, incluindo seus aspectos psíquicos e sua integração ao meio em que vive. O homem tem sobrevivido através dos séculos em parte por sua tendência em agrupar-se com outros de sua espécie, constituindo as células familiares que compõem a sociedade. Os Sacramentos, considerados sinais visíveis da presença de Deus

entre os seres humanos, marcam momentos importantes da vida do cristão, ajudando-o a inserir-se na comunidade, na constituição de um núcleo familiar, em momentos de doença e fragilidade, bem como na sua reaproximação com a divindade, quando afastado por causa do pecado, e na dedicação ao serviço junto aos irmãos.

O Batismo é um rito de iniciação dos mais importantes, cheio de símbolos relacionados ao uso do sal (palavra proferida; presença saborosa do cristão no mundo), da água (purificação; vida; saúde), do óleo (desobstruindo os poros espirituais, facilitando a respiração) e da vela acesa (luz que nos afasta das trevas). Na Confirmação (Crisma), é colocado o óleo na fronte do indivíduo que recebe o batismo no Espírito, e ele apresenta-se mais uma vez perante a comunidade da qual faz parte. Na Eucaristia, finalmente a fé católica é plenificada com todos os seus elementos, sendo celebrada na Santa Missa (SOARES, 2011).

De acordo com as concepções desse autor, quando o fiel faz o sinal da cruz no início e no final da celebração, abre seus chacras. Ao tocar na fronte, abre o chacra do terceiro olho; ao bater no peito, abre o chacra cardíaco; e ao tocar nos ombros, invoca o Espírito Santo para que o proteja do mal. Durante a oração do pai-nosso, são abertos os chacras da fronte, da garganta, do coração, do plexo solar, do centro visceral e do centro gravitacional. Há, portanto, uma estimulação integral do corpo do fiel que participa ativamente do Santo Sacrifício no altar.

Saúde e doença sob o ponto de vista do islamismo

Islam significa "submissão voluntária à vontade de Deus" (AL-JERRAHI, 2011, p. 399). O universo, assim como os seres que nele habitam, foi criado com um propósito divino. De acordo com a opinião desse autor, a razão da existência humana estaria atrelada simplesmente ao desígnio de servir a Deus.

Segundo ele, a visão islâmica do ser humano reconhece a existência de uma porção visível, externa, composta pelo corpo, e outra interna, oculta e invisível, correspondente ao espírito. A ligação entre ambas seria feita por intermédio da alma, e a função do corpo seria ajudar o espírito no cumprimento de sua missão neste mundo, ou seja, servir a Deus. Haveria dois tipos de doença: as que afetam o corpo e as que adoecem a alma.

Ainda de acordo com suas concepções, as doenças corporais seriam resultado de algum desequilíbrio que interfere no perfeito funcionamento dos órgãos, causando mal-estar e desconforto. Segundo a visão islâmica, o organismo seria composto por quatro tipos de humor: seco, úmido, quente e frio. A doença surgiria por ocasião do excesso, ausência ou desarranjo desses humores. O tratamento seria buscado por meio da correção de tal desequilíbrio, e a alimentação desempenharia nessa busca um papel fundamental.

Como surgiriam, então, as doenças espirituais? Segundo o autor supramencionado, surgiriam por ocasião do desregramento dos apetites por alimento e por sexo, na busca

excessiva de satisfazer aos desejos da carne. Outra fonte de desequilíbrio espiritual é um comportamento dominado pela ira, que deixa o homem à mercê de sua agressividade e acarreta-lhe diversos problemas de convivência com outras pessoas. O intelecto atuaria reconhecendo o bom ou o mau funcionamento do controle da ira e dos apetites humanos, de modo que tudo se mantivesse de acordo com a vontade de Deus. Essa seria a chave para uma perfeita saúde.

Espiritualidade e saúde de acordo com a óptica zen-budista

Também aqui o indivíduo é considerado em sua totalidade: corpo, mente e espírito. Qualquer processo de cura deve abranger essas três porções do ser. O processo de adoecimento estaria relacionado à visão individualista do ser, quando o homem se afasta da totalidade, do uno, da harmonia; quando não reconhece que faz parte de um conjunto, no qual tudo que afeta seus semelhantes o afeta também (COEN, 2011).

De acordo com a autora citada, no pensamento budista devemos encarar os fatos simplesmente observando a realidade, sem qualquer sentimento de apego ou repulsa. Na busca pela saúde, o sujeito precisa de fé e autorrealização, do mesmo modo que precisa conhecer a si mesmo, saber o que o deixa solto, livre, sem amarras, ou o que o aprisiona. Mesmo diante de doenças e problemas, é possível manter a serenidade, o equilíbrio emocional, resolvendo da maneira mais satisfatória as situações desfavoráveis e aceitando o inevitável: a morte.

Segundo essa autora, um dos equívocos da Medicina tradicional é padronizar os tratamentos como se não existissem as variações individuais, as características que fazem de cada pessoa um ser único, particular em sua composição. No processo de cura, é importante a descoberta de si mesmo, sendo não aquilo que os outros esperam de nós, mas verdadeiros, pautando nossas escolhas nos princípios da ética e buscando sempre o bem comum.

A meditação auxilia nesse processo de autoconhecimento, observação e aceitação da realidade, ferramentas importantes para obter a cura de uma enfermidade. A meditação não se destina a fugir da realidade, mas a concentrar-se no momento atual, buscando o autoconhecimento. Desse modo, compreende-se melhor o outro, aceitando suas falhas e destinando-lhe compaixão, e não ira (COEN, 2011).

Saúde e doença de acordo com a perspectiva judaica

Gottfried (2011) fala de como a tradição judaica encara os momentos de dor e de enfermidade, encontrando, por meio da fé no Criador, o caminho para a saúde, para a cura, para a santidade. Por meio da prece, o povo judeu busca o conforto e a coragem necessária para lutar pela vida. Mesmo diante de pequenas possibilidades, a fé em Deus aumenta a confiança de que ao final tudo dará certo e de que, apesar de todas as condições desfavoráveis trazidas pela enfermidade, Deus está sempre conosco, nunca nos abandona.

Segundo esse autor, é a sintonia com Deus que abre a possibilidade para a cura, e é com o significado que damos à doença que reduzimos o nosso sofrimento, à medida que a encaramos como parte de nossa existência terrena, algo importante para o aprendizado espiritual. De acordo com suas concepções, aproximar-se de Deus requer alguns elementos essenciais: o estudo, os ritos, a prece e a presença. Algumas pessoas desfrutam da proximidade com Deus desde cedo, enquanto outras só a experimentam durante uma enfermidade. Estudando a Palavra, que no judaísmo é representada pela Torá, o doente conhecerá a si mesmo. O ritual auxilia o indivíduo a manter suas tradições, respeitando normas ensinadas pelos antepassados que apontam para a divindade. Por meio da prece chega-se a Deus, e por meio da presença dos irmãos tem-se o conforto nas horas difíceis.

Interessante é a sua afirmação de que a doença deve ser "ouvida". De fato, algumas vezes precisamos prestar atenção no que nosso corpo nos fala, manifestando às vezes determinados sintomas. Talvez não estejamos levando a vida da melhor maneira possível. Na minha concepção, Deus não pune o homem com doenças, tampouco se trata de um Deus limitado, que só observa a tudo passivamente, sem "poder" intervir. Ele pode simplesmente "não querer" interferir nos acontecimentos que nós mesmos determinamos para nossa vida, mas a prece ou oração pode sensibilizá-lo para nossa causa, para nosso sofrimento, modificando o curso da enfermidade, trazendo a cura.

Saúde, doença e espiritualidade de acordo com as concepções espíritas

Para os espíritas, a espiritualidade é a maneira de sentir do ser humano, desenvolvendo sua fé, que o liberta do medo, da ignorância, da culpa e do ressentimento, e auxiliando na resolução dos problemas que surgem durante sua existência como espírito encarnado. Este, o perispírito (parte do ser que recobre o espírito e modela o corpo) e o corpo material formariam o homem. O espírito seria definido como o ser inteligente que determina as ações a serem executadas pelo corpo, enquanto o perispírito protegeria a mente inteligente, parte integrante e principal do componente espiritual, de deteriorar-se. O corpo humano, constituído de massa carnal adequada à força gravitacional do planeta em que vivemos, é o executor daquilo que foi idealizado pela mente, por meio dos pensamentos (SANCHEZ, 2011).

De acordo com o autor supracitado, a saúde e a doença seriam consequências do comportamento do espírito, ao comandar órgãos e sistemas no corpo humano. Segundo ele, dificilmente se encontra na Terra alguém espiritualmente saudável, devido à carga de comportamentos viciosos das vidas passadas que todo ser humano traria na memória. Daí a importância de estabelecerem-se regras comportamentais para tentar atingir o degrau da saúde espiritual.

Em primeiro lugar, uma das atitudes a serem tomadas com esse fim é o combate ao estresse, por meio de técnicas

como a meditação. Em segundo lugar, deve-se procurar desenvolver a atenção, pois seria com essa capacidade mental que o indivíduo alteraria a fisiologia humana. De acordo com o pensamento espírita, todo sintoma, do mais simples ao mais grave, e toda doença estariam relacionados ao nível de atenção, discernimento, entendimento, vontade, percepção, sensibilidade, memória, polaridade, equilíbrio, consciência, senso e ajustamento (SANCHEZ, 2011).

Esse autor defende que o primeiro passo a ser dado para a cura é focalizar a atenção para determinada parte do corpo em que quer intervir, podendo ser, por exemplo, um órgão que se apresenta com um tumor. Isso fará com que as moléculas dessa região corporal, que estão vibrando de uma maneira errônea, fora do seu estado fundamental de energia, passem a vibrar corretamente, eliminando a enfermidade. É fundamental para compreender esse raciocínio lembrarmos que o organismo humano está em constante reforma, em todas as suas células, órgãos e tecidos, morrendo e renovando-se continuamente.

Portanto, uma mudança no estilo de vida, seja quanto à alimentação, à prática de atividades físicas, seja quanto à meditação, poderá exercer influências determinantes sobre a composição molecular do corpo, que está em constante processo de reconstrução atômica.

Sanchez (2011) finaliza suas observações a respeito da saúde espiritual enfatizando a importância de uma vida

pautada na ética, no autorrespeito, sempre buscando formar imagens ou representações valorativas de si mesmo, cheias de pensamentos positivos. Ele ressalta que ideias depreciativas e sentimentos de vergonha que por vezes dominam o pensamento humano são grandes fontes de ira, tristeza e depressão, que levam quase sempre a doenças mentais, contribuindo para o isolamento social.

A concepção de saúde e doença segundo o candomblé

Segundo Prandi (2011), o candomblé não é apenas uma Religião, mas uma agência de cura e soluções para diversos tipos de problemas que chegam até os terreiros com pessoas das mais diversas matrizes religiosas e até com indivíduos que se declaram sem Religião. Os sacerdotes, chamados de pais ou mães de santo, consultam os deuses e espíritos por meio dos búzios, chegando a um diagnóstico da situação.

Ainda de acordo com esse autor, a base do candomblé é o oráculo, por meio dos quais seus sacerdotes estabeleceriam uma ponte de comunicação entre os seres humanos e o mundo sobrenatural. De acordo com essa corrente religiosa, a doença vem até o homem por meio de vários processos, a saber: a origem pode estar no próprio indivíduo ou pode ser provocada por terceiros, pela vontade de um deus ou antepassado e por eventos oriundos da natureza. O sacerdote identificaria qual a origem do mal que aflige a pessoa, para então prescrever um tratamento que a cure ou impeça um novo episódio sintomático, por meio do equilíbrio das forças que outrora estariam desorganizadas.

Prandi (2011) lembra ainda que prevalece aí a ideia de um mundo muito perigoso, no qual forças mágicas podem ser manipuladas, alterando o curso dos acontecimentos. O axé seria a força vital presente em pessoas, animais e plantas. Se essa energia estiver em maior ou menor quantidade que o considerado normal, haverá um desequilíbrio ou doença. As fontes de axé utilizadas no candomblé seriam a seiva de plantas e o sangue de animais. Há diversidade no uso de plantas ou animais nas diferentes correntes religiosas que se espalham pelo mundo, havendo predominância de uma ou outra fonte para o axé. No Brasil, talvez devido à influência indígena, usam-se com frequência os banhos de cheiro, de folhas, de descarrego.

Há uma diferença crucial entre as crenças do candomblé e as de origem judaico-cristã. Na primeira, acredita-se que o indivíduo possua três almas, enquanto na segunda se afirma a existência de apenas uma. De modo geral, o candomblé difunde a ideia de que o espírito é constituído por uma alma referente ao mundo natural, outra ao mundo social e finalmente uma terceira individualizada, própria de cada ser. Mesmo estando as três em equilíbrio, o homem estaria sujeito ainda às mudanças que ocorreriam no mundo, e, para afastar o mal, o ser humano precisaria agradar aos deuses, aos antepassados e a si próprio (PRANDI, 2011).

Conclusão

A oração, a despeito do que afirmam alguns, faz parte de toda herança religiosa, não importando o tipo de fé que

se professa. Também seu efeito não é igual ao dos placebos, haja vista os resultados positivos em experimentos que pesquisam os efeitos benéficos da intercessão. Afinal, em certos casos, nos quais o paciente sequer toma consciência de que há alguém orando por ele, não seria viável explicar seu efeito positivo pelo mesmo mecanismo de ação dos placebos (Dossey, 2015).

Não nos cabe aqui apontar falhas ou imperfeições em quaisquer denominações religiosas, mas procurar demonstrar o que elas podem conter de bom, considerando a busca pelo bem-estar físico e espiritual; um objetivo comum a todas, na medida em que acreditam em uma existência composta pela matéria e pelo espírito. Também pode ser apontada como ponto presente em todas elas a prática do bem como premissa para conquistar uma vida plena, feliz e equilibrada. Um ser individualista, que não pensa nos seus semelhantes, que abusa dos prazeres carnais sem qualquer preocupação, que não procura uma convivência pacífica no meio em que vive, está galgando o caminho da doença, da infelicidade, do isolamento, da morte.

Não parece correto condenar as pessoas porque escolheram esta ou aquela denominação religiosa. É prudente lembrar que na História há muitos relatos de guerras justificadas pela diferença religiosa (Dossey, 2015). Será que Deus aprovaria ver seu santo nome sendo usado em vão dessa maneira, para legalizar matanças? Creio firmemente que não. Ele é Pai de todos e, como tal, deseja ver seus filhos convivendo em paz, sem guerras.

Dossey (2015) vai dizer que a Ciência pode dar sua contribuição para democratizar a oração, pois não se dedica somente ao estudo desta ou daquela denominação religiosa. Aliás, os experimentos têm comprovado a eficácia da oração em vários credos diferentes, contribuindo desse modo para promover a tolerância religiosa, o que por si só já se constitui em um grande benefício. Na verdade, muitas pessoas, quando se veem doentes, recorrem também a outras religiões, aceitando de bom grado toda ajuda recebida desses irmãos.

O trabalho que desenvolvi com hipertensos em Pedras de Fogo ilustrou bem esse caráter entre seus participantes, pois todos os seus integrantes conviviam pacificamente durante as reuniões, apesar de pertencerem a religiões diferentes. Como pesquisadora, eu não os influenciei para que seguissem essa ou aquela fé religiosa, mas estimulei sua prática na afiliação religiosa em que já estavam engajados (Pereira, 2013; Pereira, 2015).

A espiritualidade é um caminho para atingir o tão sonhado equilíbrio do ser, trazendo como benefício a saúde de modo integral: de mente, corpo e espírito. Cientistas como Augusto (2014) acreditam que o organismo humano responde aos estímulos provenientes do ambiente de modo totalizador ou sistêmico. O papel dos agentes de cura seria afastar as condições que geraram a enfermidade, proporcionando as condições necessárias para que essa energia pudesse recompor uma organicidade equilibrada.

Hoje existem definições de saúde que possuem um maior grau de subjetividade e de complexidade, levando em conta a individualidade de cada um. A espiritualidade deve, de acordo com esses novos conceitos, ser considerada como fator da maior importância no processo saúde-doença. Nesse contexto, o adoecimento pode ser visto como uma quebra na homeostase espiritual e emocional (CELICH, 2009).

Devemos pensar que saúde e doença não são processos inconciliáveis, mas que impulsionam um ao outro. Vida e morte são movimentos de uma mesma existência (DOSSEY, 2000). Na Medicina alternativa existem teorias que tentam explicar como ocorre o processo de cura e adoecimento. De acordo com uma delas, a mente seria a causadora tanto da doença como do restabelecimento da saúde, estando acima do corpo; em uma segunda teoria, baseada nos moldes indianos e chineses, seria a energia vital, *prana* ou *chi* a responsável pela cura. Ainda em um terceiro modelo, a existência de um Espírito (Deus) seria o agente de cura espiritual, por meio de sua graça (GOSWAMI, 2006).

7

Saúde e religiosidade

Introdução

O processo saúde-doença não depende unicamente da vontade do indivíduo, mas de uma série de relações determinantes das suas condições de vida, bem como dos grupos sociais em que vive. Observando as diferentes formas de organização social, vemos ainda que não é possível estabelecer um paralelo imediato, pois existem diferentes maneiras de entender o que vem a ser saúde. O referido processo ocorre, portanto, em uma determinada circunstância, no território habitado pelo ser humano, dependendo das relações que estabelece com o meio, com grupos sociais a que pertence e consigo próprio. A capacidade humana de ampliar seus horizontes a partir do contato com os outros faz com que sua própria territorialidade ganhe um aspecto dinâmico, assim como sua própria saúde, a qual passará por diversas transformações ao longo de sua existência (DONATO; ROSENBURG, 2003).

A oração é tão antiga entre os seres humanos que pode ser incluída entre os comportamentos que têm auxiliado na sua sobrevivência. Se fosse algo inútil, certamente não teria se perpetuado no decorrer da evolução. A oração é parte inerente ao ser humano, e alguns acreditam até que faz parte de suas moléculas e átomos; brota de seu coração com o desejo de entrar em sintonia com o Absoluto, tornando às vezes as palavras desnecessárias (Dossey, 2015).

O sagrado e demais aspectos da religiosidade retornam como temas importantes na atualidade. Inúmeros são os estudos desenvolvidos nessa área, incluindo aqueles relacionados aos possíveis benefícios para a saúde. Muitos pesquisadores aliam a espiritualidade e a fé ao tratamento de saúde, reconhecendo essa associação como um fator importante para o bem-estar do paciente. Essa mudança provocou também uma nova compreensão por parte da OMS, que, a partir de 1983, modificou sua visão com relação à importância da espiritualidade para a saúde humana (Barth, 2014).

A condição de criatura nos permite entrar em contato com o sofrimento, a angústia, a consciência de que morreremos um dia e do quanto isso nos é penoso. A doença, assim como o pecado, não anula o projeto divino para a vida do homem, mas o fato é que o indivíduo, em seu livre-arbítrio, deve reconhecer sua condição de doente ou de pecador, bem como consentir para que se inicie o processo de cura e de salvação. É possível que não se dê a cura, por inúmeros motivos, mas quando ela ocorre é um sinal de harmonia entre Criador e criatura (Javary, 2014).

A prática religiosa é de grande importância na obtenção de uma boa saúde, na medida em que reduz hábitos danosos e ajuda no combate ao estresse. A oração, a meditação, a comunhão, o perdão, as atitudes altruístas melhoram as condições de saúde do indivíduo e reduzem sintomas (PEREIRA, 2013). Apesar do interesse despertado na comunidade científica mundial para os estudos nessa área, é ainda muito pequeno o número de estudos nos países latino-americanos, quando comparado ao dos países anglo-saxões (QUICENO; VINACCIA, 2009). O presente capítulo fará uma abordagem sobre os benefícios que a religiosidade pode trazer para o praticante.

A Religião influenciando a saúde das pessoas: Deus nos cura

Na Bíblia Sagrada, temos vários relatos de Jesus curando os doentes, com sua palavra, com seu toque, tanto a distância quanto próximo do indivíduo:

> Estando ele em pé junto dela, inclinou-se e repreendeu a febre, que a deixou. Ela se levantou imediatamente e passou a servi-los. Ao pôr do sol, o povo trouxe a Jesus todos os que tinham vários tipos de doenças; e Ele os curou, impondo as mãos sobre cada um deles (Lc 4,39-40).

Um dos mais marcantes para mim é aquele da mulher que toca em seu manto no meio da multidão, ficando então curada de uma hemorragia intensa que a maltratava há vários anos. Jesus declarou que uma força havia saído dele ao ser tocado por alguém. Falava Ele ainda quando um dos dirigentes da sinagoga chegou, ajoelhou-se diante dele e disse:

"Minha filha acaba de morrer. Vem e impõe a Tua mão sobre ela, e ela viverá". Jesus levantou-se e foi com ele, e também os Seus discípulos. Nisso uma mulher que havia doze anos vinha sofrendo de hemorragia, chegou por trás Dele e tocou na borda do Seu manto, pois dizia a si mesma: "Se eu tão somente tocar em Seu manto, ficarei curada". Voltando-se, Jesus a viu e disse: "Ânimo, filha, a sua fé a curou!" E desde aquele instante a mulher ficou curada. Quando Ele chegou à casa do dirigente da sinagoga e viu os flautistas e a multidão agitada, disse: "Saiam! A menina não está morta, mas dorme". Todos começaram a rir Dele. Depois que a multidão se afastou, Ele entrou e tomou a menina pela mão, e ela se levantou. A notícia deste acontecimento espalhou-se por toda aquela região (Mt 9,18-26).

Analisando essa narrativa bíblica, podemos intuir que temos ao nosso redor um campo energético, por meio do qual flui uma força capaz de curar. Se somos feitos à imagem e semelhança de Deus, como diz o livro do Gênesis, podemos atuar uns sobre os outros com essa "energia curadora". O próprio Jesus diz nos Evangelhos que podemos obter tudo por meio da fé, por menor que ela seja. Em Mc 16,18, Ele enviou seus discípulos e autorizou-os a curar os doentes impondo-lhes as mãos. Acredito que nós também podemos exercer o papel de agentes de cura, de modo semelhante ao que os discípulos faziam.

A oração e a meditação

A oração é, segundo Grün e Müller (2010), uma das maneiras que o homem utiliza para entrar em contato com sua própria alma e com o Cristo que nela habita, além de ser considerada um recurso terapêutico do qual se lan-

ça mão há muito tempo (LOTUFO NETO, 2003; DOSSEY, 2015). Ela faz brotar no homem a cura para os males de seu coração, à medida que ele vai se conscientizando de suas falhas e enfermidades (MENDES, 2010). O ambiente que envolve as pessoas durante a oração, sobretudo em grupo, é um ambiente amoroso, favorecendo muitas vezes a cura das enfermidades (GOSWAMI, 2006).

O indivíduo mais espiritualizado tende a encarar os problemas surgidos no dia a dia de modo mais otimista. Assim, será mais comum esse tipo de pessoa acreditar que tudo está bem à sua volta, mesmo quando não está.

Quem pode ser beneficiado pela oração? Os experimentos científicos têm demonstrado que não somente o homem, mas também os animais, as plantas, os fungos, as bactérias; todos sofrem influência do poder da oração. Muitos experimentos que pesquisam os efeitos da prece de intercessão utilizam pacientes que sequer sabem que estão orando por eles, enquanto outros incluem pacientes que desconhecem seus intercessores. Mesmo assim, há benefício para a saúde de muitos desses indivíduos. Também tem sido observado que o modo como o indivíduo vive sua crença influencia sua recuperação e que a fé no medicamento e no médico que realiza a consulta tem influência sobre os resultados obtidos por meio do efeito placebo (DOSSEY, 2015).

A oração é imprescindível à vida, dizia Gandhi. Então, como devo rezar? A melhor maneira de orar para uma pes-

soa poderá não ser a melhor para outra. Em grupo ou sozinho? Depende do temperamento de cada um, bem como da maneira como vivencia sua fé. Alguns dizem que podem orar até dormindo, durante os sonhos (DOSSEY, 2015).

Esse autor relata como exemplo desse tipo de oração a cura de um câncer obtida por São Peregrino. O santo escapou de ter seu pé amputado após uma oração enquanto dormia e passou a dedicar-se aos cuidados com os portadores de câncer, vindo a tornar-se o patrono dessa causa em 1726. Segundo ele, esse tipo de oração conta com uma vantagem: enquanto dormimos, não somos vítimas de nosso próprio ceticismo. Acreditamos que tudo é possível; daí o milagre acontece. Em seu livro, esse autor traz relatos de curas obtidas durante o sono, incluindo a de um câncer de bexiga e de próstata enfrentado por ele mesmo.

A oração não precisa da Ciência para provar sua eficácia, tampouco é ameaçada pelas pesquisas científicas. Os estudiosos que defendem sua utilização na terapêutica não têm a intenção de desmerecer o progresso científico na Medicina. A oração representa um recurso adicional no tratamento das enfermidades que assolam a humanidade. É válido tentar explicar as razões que fazem do hábito de rezar algo tão eficaz até nos casos ditos incuráveis, mas não se pode esquecer que sempre haverá algo não elucidado, mantido, portanto, na esfera misteriosa do sagrado (DOSSEY, 2015).

A oração e a meditação deflagram uma maior atividade dos lobos temporais e parietais, bem como do sistema límbi-

co, produzindo uma quietude que aos poucos toma conta de todo o cérebro e, posteriormente, leva ao relaxamento corporal. A psiconeuroimunologia é uma disciplina que estuda as relações entre mente e corpo e a influência do psiquismo sobre as enfermidades físicas. O apoio social presente nas relações sociais aparece como benéfico para o sistema imunológico, e a crença religiosa aumenta a esperança do indivíduo enfermo, melhorando sua resistência ao estresse, o que justifica o emprego de técnicas meditativas e da oração para promover o bem-estar dos portadores de algum tipo de câncer (NAVAS; VILLEGAS; HURTADO; ZAPATA, 2006).

Diversas técnicas de meditação promovem relaxamento e desligamento de preocupações cotidianas (SALZBERG; KABAT-ZINN, 1999). Em seguida ao relaxamento do corpo, ocorre uma redução do cortisol, hormônio intimamente envolvido na gênese do estresse, contribuindo desse modo para a normalização da pressão arterial (SAVIOLI, 2007). As técnicas de meditação promovem uma sensação de paz interior, o que é altamente benéfico para o organismo humano (LOTUFO NETO, 2003). A referida prática pode ser empregada como terapêutica complementar no tratamento da insônia e das dores nas costas (VALE, 2006), e tal atividade pode acalmar o praticante, reduzindo a irritabilidade (WALLACE, 2011; NEWBERG; WALDMAN, 2009).

A meditação e outras técnicas de relaxamento contribuem para uma postura mais tranquila, estimulando a cognição, bem como para que se tenha mais saúde do ponto de vista físico e mental (QUICENO; VINACCIA, 2009). Ao

meditar, o indivíduo almeja entrar em contato com o ilimitado, com o eterno e com seu próprio "eu". Também constituem exercícios de interiorização: contemplar uma montanha e o céu; admirar-se diante da beleza de uma mata; simplesmente ouvir o barulho do mar (GRÜN; MÜLLER, 2010). Esses autores destacam ainda a leitura de um livro, o apreciamento de uma boa música e o cultivo do silêncio como fontes do mundo interior, que, na minha concepção, seriam também excelentes opções para os ateus entrarem em contato com sua alma.

A adoração

A adoração à hóstia consagrada é praticada por católicos do mundo todo e foi mencionada por algumas pessoas que participaram da pesquisa desenvolvida com hipertensos em Pedras de Fogo (PEREIRA, 2015). A referida atividade religiosa geralmente é feita em grupo, na maioria das vezes às quintas-feiras, dia instituído pela Igreja Católica para que se adore a Jesus Eucarístico. Desse modo, as pessoas procuram as igrejas para tal finalidade, constituindo uma forma de reunião de fiéis em grupos religiosos.

O momento de adoração também pode ser uma oportunidade de agradecer a Deus o dom da vida e tantas graças obtidas até o momento presente e ainda suplicar por nossas necessidades.

Durante a adoração, pode ser feita uma meditação, na qual o indivíduo desliga-se de seus problemas, entregando-se à contemplação do que se acredita na Religião católica

ser o corpo de Cristo. Experimenta-se desde sensações de alívio de dores sofridas até um relaxamento profundo, que por vezes faz o fiel adormecer.

> A atitude de simplesmente contemplar a Deus na Sua magnitude, deixando-se tocar por Ele, é maravilhosamente tranquilizadora. Nesse instante, concentrando-se apenas no corpo de Cristo ali presente, podemos senti-Lo tão próximo e real, quanto o ar que respiramos. Nessa experiência a pessoa (que acredita) pode ter uma sensação de dissolução do seu ser, ao mesmo tempo em que se sente mais unida a um Ser maior (PEREIRA, 2015).

Alguns cientistas explicam esse fenômeno pela redução da atividade no lobo parietal por meio de meditação ou oração mais intensa feita pelo fiel, diminuindo a sensação de distância entre o ser humano e Deus. O indivíduo experimenta a "presença" divina, uma vez que sente a dissolução dos limites entre ele e o Criador (NEWBERG; WALDMAN, 2009). Talvez por isso alguns digam que o ato de adorar a Deus é tido como o tipo de oração mais perfeita, pois nesse momento o fiel não pensa em si mesmo, apenas busca a divindade, presta-lhe culto e reverência, demonstra-lhe gratidão (OMARTIAN, 2012).

Estar diante de Jesus na Eucaristia é um momento único, embora possa ser repetido inúmeras vezes. Basta lembrar que o rio corre, e, portanto, suas águas se movimentam o tempo todo, de maneira que quem está à margem nunca estará diante do mesmo fluxo de águas. Estas carregam detritos, plantas, peixes, diversos seres e objetos diferentes. Do mesmo modo, quando contemplamos a Eucaristia, um momen-

to é sempre diferente do outro: nossos problemas, anseios, sonhos serão diferentes, embora Jesus seja sempre o mesmo.

Adorar deveria ser um hábito tão natural quanto respirar, pois ajuda a tornar os fardos da existência mais leves. O ser humano sozinho não consegue muitas vezes realizar as tarefas a que se propôs, mas, por meio da adoração, sente sua força mental aumentar, capacitando-o para resolver os problemas (OMARTIAN, 2012).

A intercessão

Uma das influências positivas que a Religião tem sobre a saúde é o direcionamento que seus ensinamentos dão para que o indivíduo renuncie ao próprio egoísmo, estimulando a doação de si mesmo para pensar no bem do outro.

A cura pode ser veiculada para o doente por intermédio de outra pessoa em plena comunhão com Deus, que se compadece do sofrimento humano, libertando o homem de suas enfermidades (MENDES, 2010).

Deus pode usar qualquer pessoa para ser canal de cura, pois a graça está presente em todos. Muitas vezes, esperamos que a cura ocorra após um acontecimento extraordinário, mas Deus a executará do modo que bem entender, por meio de quem desejar e da maneira que julgar mais apropriada (ABIB, 2010).

Assim, a cura pode vir ao assistir à missa pela televisão, ao ler o Evangelho em casa ou no grupo religioso, ao rece-

ber a imposição de mãos de um irmão, ao rezar o rosário, ao comungar. Tudo concorre para o bem dos que amam a Deus, diz a Palavra. O ato de interceder pelos outros, ou seja, de direcionar a Deus súplicas para que sejam atendidas as necessidades de terceiros, não deixa de ser também uma atitude altruísta, desinteressada, o que também é benéfico para a saúde do indivíduo que executa tal ação.

Altruísmo

Muitos dos entrevistados da pesquisa sobre religiosidade e hipertensão já mencionada anteriormente (PEREIRA, 2013) disseram fazer com frequência visitas a doentes, bem como doação de alimentos, roupas e dinheiro para pessoas necessitadas, caracterizando, assim, a prática do altruísmo. Guimarães e Avezum (2007), em revisão de literatura, apontam para a importância das atitudes de voluntariado na redução da mortalidade pelas causas mais diversas.

A Religião pode ter uma influência bastante positiva sobre a saúde, na medida em que estimula o indivíduo a doar-se (LOTUFO NETO, 2003). O voluntariado combate o estresse, servindo, portanto, no tratamento complementar de doenças como a hipertensão (SAVIOLI, 2007).

Em um estudo realizado em New Haven com 21 participantes HIV positivos e usuários de drogas, alguns indivíduos apontaram o voluntariado como modo de desenvolver sua espiritualidade; e esta, por sua vez, foi mencionada como fonte de apoio para lidar com a soropositividade e com a dependência química (ARNOLD et al., 2002).

A doença apresenta-se ainda como uma oportunidade para os familiares, amigos ou até pessoas sem qualquer vínculo com o doente exercerem sua humanidade, doando parte do seu tempo para cuidar dele. Mas ainda é grande o número de marginalizados na nossa sociedade, dos que são excluídos dos cuidados com a saúde por não terem boa condição financeira. Estes expõem suas chagas publicamente, demonstrando quão doente está toda a sociedade. Não só a cura deve ser partilhada, mas também a própria doença, com seus sofrimentos e adversidades, tirando do anonimato os que estão à margem, os excluídos. Afinal, todos nós dividimos o mesmo espaço social, e a enfermidade de um sujeito deve ser vista e tratada pelos demais (JAVARY, 2014).

A reza do terço

A reza do terço pode ser usada na indução do relaxamento (MUNIZ et al., 2005; SAVIOLI, 2012), reduzindo a frequência respiratória em seis ciclos por minuto, o que é altamente benéfico para o sistema cardiovascular, reduzindo efeitos deletérios sobre o miocárdio, trazendo a sensação de tranquilidade para o indivíduo e proporcionando-lhe sensação de bem-estar. Esses benefícios foram encontrados em um estudo com 16 homens e 7 mulheres, todos saudáveis, cuja idade média foi de 34 anos (BERNARDI et al., 2001). Também foi encontrada redução na queixa de tonturas entre os pacientes hipertensos participantes da pesquisa desenvolvida no município de Pedras de Fogo que tinham como hábito rezar o terço (PEREIRA, 2013).

A comunhão: fonte de vida e libertação

A Eucaristia é o Sacramento mais celebrado entre os cristãos católicos, embora tenha perdido parte do seu destaque entre os jovens da nossa época, por conta da crescente necessidade de grandes emoções instantâneas. A missa é um ritual repleto de momentos que revivem a presença de Cristo entre nós, um verdadeiro memorial, e as pessoas hoje em dia não gostam muito de recordar o passado, preferindo viver apenas o presente, fugindo de si mesmas e de suas decepções (GRÜN, 2006a).

O autor citado entende a celebração da Eucaristia como uma oportunidade de encontrar-se consigo mesmo, elucidando a própria existência à luz da sabedoria divina. Por meio da ceia pascal, deu-se novo sentido ao partir do pão e ao beber do vinho, rememorando a morte e ressurreição de Cristo. Por meio desse gesto, Jesus estabeleceu uma nova aliança entre Deus e a humanidade, graças ao seu sacrifício na cruz, resultando na doação de seu corpo e sangue. Em várias religiões há uma forte ligação entre a refeição e a união com o ser divino, e a Eucaristia é a forma física do amor de Deus para com a humanidade. Nela, Ele se permite saborear totalmente.

Grün (2006a) descreve o modo como o apóstolo João via a Eucaristia, chamando-a de pão do céu, capaz de apaziguar totalmente a fome de vida eterna que todo homem tem dentro de si. Mas é comum fraquejar na caminhada, lamentando-se pela "carne" que está deixando para trás. Se-

gundo o autor, para o apóstolo João, a comunhão seria a iniciação do amor de Deus por nós, seus filhos. Por meio do mistério da Eucaristia, permanecemos em unidade com Cristo, uma vez que seu corpo e sangue permeiam todo o nosso ser físico quando ingerimos a hóstia consagrada.

A presença de Jesus Eucarístico na hóstia consagrada é muito importante para os cristãos católicos, sendo verdadeira fonte de vida para estes (ABIB, 2001; ABIB, 2005; MENDES, 2010; AQUINO, 2013). Ao receber a comunhão, o cristão pode experimentar o próprio Cristo (LUBICH, 2010; AQUINO, 2013), e ela é mencionada como recurso útil na manutenção da boa saúde mental em situações de grande estresse (VAN THUAN, 2010).

O hábito de comungar pode estar relacionado com a melhora de sintomas relacionados à ansiedade, como os maus pressentimentos, queixa relatada pelos pacientes como "sensação de que algo ruim vai acontecer", "uma angústia no peito que não sei explicar" (PEREIRA, 2013).

A hóstia como alimento nutre o corpo e a alma, libertando-os da inanição espiritual. Ao ser deglutido, o pão sagrado será digerido no estômago, absorvido nos intestinos, cairá na corrente sanguínea e poderá atingir toda e qualquer célula do nosso corpo. Dessa forma, poderá chegar ao nosso sistema imunológico, aumentando nossas defesas. Atingirá nossos neurônios, estimulando nossas sinapses, melhorando nossa capacidade cognitiva.

O corpo de Cristo se transformará em alimento e se distribuirá a todas as partes do organismo humano, podendo

livrá-lo de toda e qualquer mazela. Como se daria isso? Em primeiro lugar, por meio da fé de que a hóstia é o corpo de Cristo, fundamentando-se no Evangelho de São João. Em seu Capítulo 6, João descreve os vários aspectos do ato eucarístico, no qual Jesus se faz alimento. Mas não de modo material, que pode estragar sob a ação do tempo. Ele é o pão vivo que desceu do céu para atender às necessidades dos homens.

Em segundo lugar, pelo fato de que tudo que ingerimos é processado de modo semelhante por nosso corpo, terminando por distribuir-se por meio da corrente sanguínea a toda e qualquer parte dele. Finalmente, mediante nossa fé, cremos que o corpo de Cristo opera milagres e, portanto, cura toda e qualquer doença. Uma vez dentro de nós, pode operar benefícios ilimitados sobre nossa saúde.

Jesus afirma que o pão que Ele reparte com seus apóstolos na Última Ceia é o seu próprio corpo e que quem dele comer viverá eternamente, nunca mais sentirá fome. Portanto, ao comer o pão eucarístico, tomamos parte com Ele do banquete que o Pai nos preparou (GRÜN, 2006a).

A Eucaristia como remédio para todos os males que assolam a humanidade

A Eucaristia é alimento para o corpo e para a alma, a própria salvação em um simples pão. Ao comer a hóstia consagrada, o corpo humano se conecta ao corpo eclesial e ao corpo de Cristo. O corpo eucarístico brotou da cruz para tornar-se o Sacramento da cura, representando o cume da fé cristã. Jesus nos mostra que não podemos igno-

rar a morte, mesmo quando se obtém a cura, tampouco os sofrimentos da vida, os quais tanto repudiamos. Para chegar à ressurreição, Ele passou pelo maior deles: a crucifixão (JAVARY, 2014).

A leitura de textos religiosos

Existem pesquisas que relacionam a leitura de textos sagrados com a melhora na qualidade do sono e com a redução no uso de antidepressivos (PEREIRA, 2013). E a melhora na qualidade do sono, por sua vez, interfere de maneira benéfica em todo o funcionamento orgânico, aumentando a disposição para a execução das atividades diárias. Os textos bíblicos e do Alcorão, desde tempos remotos até a contemporaneidade, incentivam comportamentos de moderação, tanto alimentar quanto sexual e no consumo de bebidas alcoólicas, e essas recomendações são de grande relevância para a manutenção de uma boa saúde (LOTUFO NETO, 2003). Ler reduz as reações de raiva e medo, estimulando as conexões neurais e a coordenação motora (NEWBERG; WALDMAN, 2009).

É muito importante que se leve a sério a Palavra de Deus. A leitura habitual da Bíblia pode ser de grande valia para manter o corpo afastado do pecado, pois é uma oportunidade para refletir sobre algo que se está fazendo de errado, e, por meio da Palavra, o Espírito Santo nos capacita a escolher o caminho do bem (OMARTIAN, 2012). Os textos bíblicos, sobretudo as parábolas de Jesus, podem ser usados para refletir sobre muitos

problemas que aprisionam a alma humana, como o medo e a culpa (GRÜN, 2014c).

Deus nos fala

Para os céticos, pode parecer estranha a afirmação de alguns que dizem ouvir a Deus no seu dia a dia. Mas é a mais pura verdade. Deus fala conosco por meio de outras pessoas, que dizem coisas que nos ajudam a tomar determinadas decisões, bem como por meio da Palavra, quando nos dispomos a ouvi-la de coração aberto, com postura de aceitação da vontade de Deus. Também fala conosco por meio dos sonhos, e estes podem, segundo Grün (2014b), ser de grande auxílio em uma tomada de decisão.

A importância do perdão

O início do perdão ocorre quando o sujeito abre mão do desejo de vingança e decide perdoar. Esse ato requer todo um processo, iniciando com a vontade, passando pela etapa de colocar-se no lugar do outro, procurando entender o porquê de suas atitudes, e culminando no ato de dar o perdão de fato, sem impor condições (MENDES, 2010). Há quem diga que é um verdadeiro milagre na raça humana, representando um sinal de evolução entre os mamíferos. Pode ainda ser visto como excelente investimento para o futuro, garantindo paz e tranquilidade para a espécie (VAILLANT, 2010).

Estudos que abordam qualitativamente o envolvimento religioso dos indivíduos relacionam essa atitude com uma melhora nos níveis pressóricos, de acordo com os relatos dos pacientes ouvidos (PEREIRA, 2013). O perdão é uma decisão, uma atitude, que demonstra maturidade e consciência das limitações humanas (PEREIRA, 2015).

O perdão ganha extrema importância quando consideramos o último estágio da vida: a morte. Temido destino de todo ser humano, vem sendo ignorada, escondida dos olhos e sentimentos da sociedade, como diz Javary (2014), mas não se pode negar sua existência. Quando o homem se vê diante da própria morte, precisa enfrentá-la, e essa autora chama então a atenção para a relevância do Sacramento da Unção dos Enfermos nesse momento, no qual se ora sobre o doente, que é ungido com óleo apropriado. Se seu estado de consciência permite e se é de seu desejo, pode lhe ser dada a oportunidade da Confissão. Nesse instante, o indivíduo tem a oportunidade de arrepender-se de seus erros, reconciliando-se com Deus, perdoando a si mesmo e aos demais com quem teve contato.

Ao receber tal Sacramento, o cristão católico prepara-se para a morte, podendo encará-la com o fortalecimento do seu espírito. Mas também ocorre muitas vezes a recuperação de sua saúde, pois, restabelecendo uma fração do nosso ser (o espírito), podem ser desencadeadas reações orgânicas que possibilitam a cura (JAVARY, 2014).

A frequência aos cultos religiosos

Um dos aspectos mais citados por estudiosos que relacionam a religiosidade com benefícios para a saúde é o chamado apoio social, comum aos que participam de gru-

pos religiosos. Figueras (2012) ressalta a importância desse apoio para reduzir a dor física em pacientes com câncer e doenças crônicas, bem como em procedimentos cirúrgicos e no parto. Segundo ele, as interações sociais promovem o desencadeamento de mecanismos fisiológicos que estimulam a liberação de oxitocina, que, como se sabe, é um hormônio que dá ao ser humano sensações prazerosas, conferindo-lhe um relaxamento. As interações sociais positivas podem reduzir no organismo humano a resposta do simpático e estimular o parassimpático, reduzindo o estresse. Experimentos laboratoriais têm demonstrado que animais estressados transmitem sua agitação para os demais em um mesmo ambiente; ao contrário, quando esses animais recebem doses de oxitocina previamente ao encontro e tornam-se mais calmos, os demais também se acalmam ao seu redor. Conclusão: as relações sociais prazerosas contribuem para reduzir o estresse.

A religiosidade e as questões de gênero

De acordo com Gontijo (2011), gênero é um conceito criado na década de 1970, no auge dos movimentos feministas, que procura explicitar que o sexo na esfera social não é determinado apenas pelas características biológicas. Entre outras palavras, a autora afirma que a sociedade participa também da construção da diferença cultural entre homem e mulher. O conceito de gênero é de grande importância, pois procura mostrar que certos moldes de conduta e expectativas para mulheres e homens foram constituídos através dos tempos, variando de acordo com a época e o

local. Em seu estudo no campo das Ciências da Religião, foi abordado o movimento do terço dos homens, que tem se espalhado por todo o Brasil arrebanhando milhares de fiéis do sexo masculino para as igrejas católicas.

Na sociedade ocidental, o estereótipo que se perpetua para o homem é de alguém forte e poderoso, e para a mulher é de uma figura frágil e delicada, muitas vezes submissa, e tais ideias permanecem vivas no decorrer da História. Essa ideia implantada no imaginário das pessoas de que o homem aguenta qualquer pressão, que não adoece e não chora, contribui para que muitos se identifiquem com o ser forte e racional, ao mesmo tempo em que tentam a todo custo se diferenciar de características atribuídas às mulheres, como o desamparo e a sensibilidade. No entanto, devido às mudanças da vida moderna, surge o medo de não ser mais percebido como o sexo forte, o que gera no meio masculino os sentimentos de insegurança e angústia. Em contrapartida, tem crescido um movimento composto por homens que se reúnem com a finalidade de rezar o terço. Em Itaúna, esse fenômeno vem imprimindo uma grande marca no aspecto devocional dos católicos da cidade (GONTIJO, 2011).

Essa pesquisadora mostrou que durante a reza do terço os homens se comportam de maneira bastante ritualizada, em grupos uniformizados, portando em suas mãos o santo terço, entoando cânticos animados e recitando em voz alta as orações. Esse grupo de Itaúna iniciou-se com 17 homens e chegou a atingir 2 mil participantes em dias comemorativos. As noites de quarta-feira, quando aconteciam as reuniões, passaram a ser, para esses

homens, um importante momento de socialização, reflexão e proximidade com Maria; seria ainda uma oportunidade para recorrer à força da oração a fim de superar as dificuldades enfrentadas no dia a dia por cada um deles.

A autora sugere ainda a presença nesse fenômeno de um provável fator motivador e agregador: a possibilidade da afirmação de uma nova identidade masculina, em que a participação no grupo seria um modo carinhoso de zelar pela família. Acostumados ao lugar de comando nas instituições, os homens, ao participarem do movimento do terço, se comprometeriam mais com a oração, com a evangelização, até mesmo com a transformação do ambiente de trabalho, e viveriam à procura de novas realizações, buscando novas formas de envolver-se com assuntos como a Religião, desenvolvendo mais sua sensibilidade, exibindo, sem tanta reserva, suas emoções.

As religiões são um campo de investimento masculino por excelência. Normas, regras, doutrinas são definidas por homens em praticamente todas as religiões conhecidas (ROSADO-NUNES, 2005; LEMOS, 2009). Eles dominam a produção do "Sagrado" nas diversas sociedades, e as decisões nesse campo continuam sendo tomadas pelo sexo masculino, perpetuando o papel feminino na guarda das memórias, na transmissão do conhecimento e no direcionamento religioso familiar (ROSADO-NUNES, 2005).

Mesmo em um mundo secularizado, as normas religiosas ainda são ditadas pelo pensamento masculino. Surgem,

então, alguns conflitos entre esse tipo de pensamento e as mudanças atuais que vêm surgindo na sociedade, questionando-se o papel secundário destinado às mulheres em religiões cristãs e não cristãs. Nos estudos mais recentes que abordam a questão do gênero, tem havido a necessidade de associar o comportamento feminino ao masculino, de maneira diferente de outros mais antigos, que isolavam o homem, considerando-o como ser dominador. As concepções mais modernas entendem que não se pode falar de um sem mencionar o outro (LEMOS, 2009).

Os estudos desenvolvidos nos últimos anos pelo grupo de pesquisa Gênero e Religião, na Pontifícia Universidade Católica (PUC) de São Paulo, despertaram para a necessidade de trabalhar a relação das mulheres com as religiões e vice-versa. Dados estatísticos costumam afirmar que as mulheres seriam "mais religiosas" do que os homens (ROSADO-NUNES, 2005).

A presença feminina é maciça nos templos e movimentos religiosos, bem como é muitas vezes a mulher, como mãe e esposa, a maior influência sobre o comportamento dos homens frente à escolha de uma religião e sobre a manutenção de tal vínculo social. Mas é inegável que o papel da mulher na maioria das religiões é secundário ao dos homens.

O fato é que a mulher tem sido excluída do protagonismo da História humana, apesar de possuir extenso saber sobre o emprego de ervas como medicamentos, bem como sobre a arte de trazer crianças ao mundo como parteiras.

Durante a Idade Média, a figura feminina esteve algumas vezes associada à bruxaria e ao demônio, contribuindo ainda mais para essa discriminação (PUNSET, 2008).

Mas esse nunca foi o pensamento de Cristo, que incluía a todos e, por vezes, deu à mulher lugar de destaque. Como exemplo, citamos a obediência à sua mãe nas Bodas de Caná, antecipando o início de sua vida pública frente a um pedido da Virgem Maria. Também merecem destaque a cura da mulher que padecia de uma hemorragia há 12 anos e sua aparição a Maria Madalena no túmulo, após a ressurreição, em uma cultura em que a mulher não tinha o direito de se dirigir aos homens, muito menos de tocá-los em público, e na qual seu testemunho não era considerado verdadeiro. E, como todos sabem, foi Madalena quem começou a espalhar a notícia de que Jesus havia ressuscitado. Portanto, há muito que se construir no pensamento dos líderes religiosos sobre a importância da participação feminina nos ritos e decisões dos grupos a que pertencem.

Religiosidade e nível de escolaridade

No estudo desenvolvido por Marques (2003), os indivíduos considerados com maior bem-estar espiritual foram aqueles com nível educacional baixo ou médio. No entanto, há também estudos que mostram não haver diferença significativa na prática religiosa de indivíduos com nível de escolaridade diferente.

O estudo desenvolvido por Lobo (2012) encontrou percentuais semelhantes de frequência à igreja, bem como

no hábito de orar, tanto em indivíduos com 9 anos de estudo ou mais, quanto nos que estudaram menos tempo. Esse autor afirma ainda que crescer numa família na qual são frequentes e consistentes as referências à fé, tanto por meio da observação de comportamentos como rezar e assistir a cerimônias religiosas, quanto por meio da observação de explicações para os acontecimentos da vida, influencia o desenvolvimento da religiosidade do indivíduo.

Alguns autores sugerem que as crenças e atitudes relacionadas à dimensão material devem ser consideradas como um fator importante no processo saúde–doença. Rocha e Fleck (2010) apontam para a importância da religiosidade na vida dos pacientes, o que pode ser levado em conta quando se faz o planejamento da intervenção a ser realizada nas políticas de saúde.

Conclusão

As definições de saúde e doença estão relacionadas aos hábitos culturais dos indivíduos. A sociedade é quem determina o grau de severidade de uma enfermidade, bem como qual tratamento será implantado e em que momento a cura é verificada. Esta não é determinada apenas pela ausência de sintomas, mas principalmente pela crença de que se está livre da doença. Hoje, como no passado, têm sido empregadas práticas médicas complementares, sobretudo nos problemas menos graves, porém incômodos, como o estresse e a fadiga (Javary, 2014).

Essa autora afirma que quando a Medicina tradicional atua mal ou não consegue resolver um problema, surge a

procura por outros métodos, como a acupuntura e o ioga. Não mais importa onde se busca a cura ou a prevenção, desde que a tão falada qualidade de vida esteja ao dispor do homem, em uma sociedade cada dia mais obcecada pelo bem-estar, pela boa aparência, a fim de atender a um sistema que exige a continuidade do trabalho a qualquer preço.

O fato é que, nessa busca atual pela saúde do corpo, não se pode esquecer que devemos perseguir também o equilíbrio mental e espiritual. Do contrário, poderão sobrevir os males que afetarão o corpo. Daí a importância da oração, meditação, leitura de textos religiosos e tantas outras práticas já mencionadas neste capítulo.

Houve no passado uma separação entre as funções da Religião, que deveria ocupar-se somente da salvação das almas, e da Medicina, à qual caberia o cuidado com o corpo. Atualmente, vem sendo cobrada das instituições religiosas alguma preocupação com o corpo material, bem como tem sido exigida dos profissionais médicos uma postura mais acolhedora quanto às crenças do paciente, como forma auxiliar no tratamento de suas enfermidades (JAVARY, 2014).

A autora supracitada lembra ainda que muitas vezes a cura não acontece, por diversos motivos, independentemente da fé do enfermo. A morte está no destino de todo ser humano, e o próprio Cristo passou por ela. Se Deus não poupou seu próprio Filho, por que razão nos beneficiaria livrando-nos desse tão temido fim? Mas depois da morte veio a ressurreição. O que parecia fraqueza ou escândalo

tornou-se motivo de incomensurável alegria. A súplica pela cura do corpo não obriga o Criador a nos atender, pois seus desígnios são impenetráveis e insondáveis.

Orar deve ser algo natural, tanto quanto andar ou respirar. Aqueles que dizem não acreditar em Deus muito provavelmente a Ele recorrerão quando preciso for. Quando chegar seu momento de rezar, certamente o farão (DOSSEY, 2015).

Os incrédulos que me perdoem, mas o real sentido da vida está em Deus. Ele nos criou para a felicidade e salvação. Auxilia-nos todo o tempo: ouvindo-nos, falando-nos, curando-nos. Lança mão de inúmeras ferramentas para socorrer-nos em nossas necessidades, a exemplo da Eucaristia e da Palavra Sagrada. Cabe ao ser humano ter sensibilidade em perceber esse auxílio e fazer as melhores escolhas.

Considerações finais

Fazer a vontade do Pai; eis aí a maior vocação do ser humano. Quando teimamos em desobedecer-lhe, perdemos o rumo da verdadeira felicidade. Saúde e doença fazem parte da vida, mas cabe ao homem procurar direcionar sua existência neste mundo para o predomínio de uma ou de outra; ao fazer escolhas erradas, quanto ao seu modo de vida, poderá, sem sombra de dúvida, estar abreviando seus dias aqui na Terra.

Como já expus em uma obra anterior (PEREIRA, 2015), o homem não é só matéria, mas também espírito, e o bom funcionamento de seus órgãos está também associado a um bom fluxo de pensamentos. Assim, se uma pessoa mentaliza seu corpo como saudável, terá mais chances de conquistá-lo. Do contrário, se seus pensamentos são negativos, maiores serão suas chances de viver doente. O estresse talvez seja o fator da vida moderna que mais gera doenças, comprometendo diversos sistemas orgânicos, como o cardiovascular, o endócrino e o imunológico.

Tenho feito referência a diversos autores que apontam as práticas religiosas e diversas manifestações da espiritualidade humana como formas eficazes de reduzir o estresse diário, contribuindo, portanto, para uma vida mais salutar, melhorando a qualidade de vida das pessoas. A religiosida-

de exercida moderadamente, sem extremismos, aproxima as pessoas, fortalece vínculos, perpetua bons hábitos, concede ao praticante maior longevidade. A leitura de textos sagrados ou religiosos traz benefícios para o cérebro, assim como a meditação. A oração em qualquer forma, nas mais diversas denominações religiosas, conecta criatura e Criador, constitui uma ponte entre o natural e o sobrenatural.

"Vai, toma tua cama e anda" (Mc 2,11), disse Jesus. O indivíduo precisa ter uma postura mais ativa diante de seu próprio corpo, quer assumindo comportamentos mais saudáveis, quer direcionando seus pensamentos para uma maneira mais positiva de encarar os problemas ou executando corretamente a terapêutica que lhe foi prescrita. A tecnicidade da Medicina moderna por vezes coloca a pessoa em uma atitude de eterna espera. Desse modo, o doente espera pelo médico, pelo dentista, pela enfermeira, pelo medicamento doado pelo governo, pelo exame do SUS. Mas se esquece de praticar seus exercícios físicos com regularidade, recusa-se a cumprir com a dieta restritiva de sal, açúcares ou gorduras e até desobedece às ordens médicas de tomar os remédios que podem tratar de modo eficaz suas moléstias.

Alguns deixam de procurar a Medicina e recorrem aos santos, esperando um milagre, ou a homens de carne e osso que lhes acenam com promessas de cura fantástica. Sim, a Ciência vem reconhecendo que existem milagres. Mas eles não ocorrem gratuitamente, tampouco para satisfazer aos caprichos humanos. Quando acontecem, servem para a conversão dos homens e para a glória de Deus, pois o Espírito sopra onde quer. O médico existe para auxiliar os doentes a

suportar suas dores e algumas vezes lhes proporcionar a cura. Seus conhecimentos vêm do alto e, portanto, seu saber deve ser valorizado, respeitado. Foi pela vontade de Deus que a Medicina evoluiu tanto no decorrer dos tempos e, por isso, deve ser utilizada até o ponto em que for possível, desde que não fira a dignidade da pessoa humana e que ajude a preservar o bem maior que é a vida.

A Eucaristia é o maior tesouro da Igreja Católica. Nela, Cristo se faz alimento, capaz de suprir o corpo e a alma. Suas partículas, distribuídas no sangue, podem atingir toda e qualquer parte do corpo humano, levando-lhe a cura absoluta. Para o católico que não está apto a recebê-la, contemplá-la pode ser igualmente eficaz. A adoração diante do Santíssimo Sacramento proporciona paz, tranquilidade, leveza do ser, aliviando o corpo de todo o estresse diário, à medida que o fiel relaxa e respira lentamente, deixando-se absorver apenas pela suavidade de Deus que está ali presente.

Outro aspecto que considero importante destacar nesta obra é o controle que se deve buscar sobre as emoções no decorrer do dia. Os sentimentos por si só não são ruins, conforme vimos no capítulo que trata desse assunto, mas o modo como se lida com eles pode ser. Até mesmo a raiva e o ciúme foram incutidos no cerne humano com o fim de defender-lhe a vida. Mas, à medida que se desenvolve, o homem deve aprender a controlá-los, sob pena de ter graves problemas em seus relacionamentos.

E quanto aos sintomas que aparecem à medida que o corpo adoece? Que benefício pode-se retirar deles? Estes servem para avisar que algo não vai bem, que é o momento de

parar, de recolher-se, de refletir: "Por que esta doença se abateu sobre mim? Que posso fazer para reverter esta situação? Estou vivendo de acordo com minhas possibilidades e com a vontade de Deus?". Tudo na vida é providência. Pode ser estranho, mas até a enfermidade pode ser o início da solução para um problema. Tenho ouvido testemunhos de pessoas com câncer, e também de portadores de Aids, afirmando que passaram a viver melhor após descobrir a doença, pois, depois desse diagnóstico, passaram a valorizar cada instante de sua vida e as pessoas que os cercam.

A chave para ter um corpo saudável e uma vida mais feliz pode estar na atitude de encarar a vida de maneira positiva, cultivando bons sentimentos, como o amor e a compaixão, perdoando ao irmão, ajudando-o quando possível com suas dificuldades. Da mesma forma, é importante louvar a Deus, até mesmo quando se lida com a depressão. Devemos ser gratos pela nossa vida, pelo ar que respiramos, pela natureza que contemplamos ao nosso redor e pelos bens materiais que conquistamos, pois o sentimento de gratidão nos conecta ao universo, nos dá uma sensação de imensa paz interior.

Em um mundo tão cheio de guerras e desordens, se faz mister cultivar a paz. E esta deve começar dentro de cada indivíduo, por meio de atitudes mais serenas. O silêncio nos traz leveza e quietude, quando já estamos sobrecarregados pelo barulho da televisão, do celular, do aparelho de som em alto volume, de pessoas gritando, das buzinas no trânsito. Se estamos todos interligados ao Todo, ao universo, precisamos começar a cuidar melhor do nosso "eu", para então construirmos o "nós".

Referências bibliográficas

ABIB, J. *A providência divina*: considerai como crescem os lírios! 5. ed. São Paulo: Edições Loyola, 2001. 95 p.

_____. *Eucaristia*: nosso tesouro. 14. ed. São Paulo: Canção Nova, 2005. 95 p.

_____. *Milagres aos nossos olhos*: testemunhos. 10. ed. São Paulo: Canção Nova, 2010. 206 p.

_____. *Combatentes no perdão*. 2. ed. São Paulo: Canção Nova, 2014. 93 p.

ALBISETTI, V. *Ciúme*: conhecer, enfrentar, superar. 6. ed. São Paulo: Paulinas, 2004. 88 p.

AL-GERRAHI, H. S. M. R. Saúde espiritual: uma perspectiva islâmica. In: BLOISE, P. (org.) *Saúde integral*: a medicina do corpo, da mente e o papel da espiritualidade. São Paulo: Senac, 2011. p. 397-432.

ALVES, R. *O que é religião?* 11. ed. São Paulo: Loyola, 2010. 134 p.

AQUINO, F. R. Q. de. *Por que sou católico*. 9. ed. Lorena: Cléofas, 2005. 168 p.

_____. *Os dogmas da fé*: a doutrina católica. 3. ed. Lorena: Cléofas, 2013. 392 p.

ARNOLD, R. M. et al. Patient attitudes concerning the inclusion of spirituality into addiction treatment. *Journal of substance abuse treatment*. v. 23, 2002. p. 319-326.

AUGUSTO, A. Introdução ao pensamento integrativo em Medicina. In: BARRETO, A. F.; BARROS, N. F. de (orgs.). *Práticas integrativas em saúde*: proposições teóricas e experiências na Saúde e Educação. Editora Universitária, UFPE, 2014. p. 61-82.

BAKER, M. W. *Como Deus cura a dor*: como a fé e a psicologia nos dão força para superar o sofrimento e aumentam nossa resistência emocional. Tradução de Cynthia Azevedo. Rio de Janeiro: Sextante, 2008. 208 p.

BARTH, W. L. A religião cura? *Teocomunicação*, Porto Alegre, v. 44, n. 1, jan.-abr. 2014. p. 97-121.

BERNARDI et al. Effect of rosary prayer and yoga mantras on autonomic cardiovascular rhythms: comparative study. *British Medical Journal*. v. 323, n. 7327, p. 1446-1449, dec. 2001. Disponível em: <http://www.ncbi.nlm.nih.gov/pubmed/11751348>. Acesso em: 9 jan. 2013.

BÍBLIA SAGRADA. Tradução dos originais mediante a versão dos monges de Maredsous (Bélgica) pelo Centro Bíblico Católico. 75. ed. São Paulo: Ave-Maria, 1991. 1632 p.

CELICH, K. L. S. et al. A Dimensão espiritual no processo de cuidar. In: SCHWANKE, C. H. A. et al (orgs.). *Atualizações em geriatria e gerontologia II*: abordagens multidimensionais e interdisciplinares. Porto Alegre: EDIPUCRS, 2009. p. 64-72.

CESARINO, C. B. et al. Prevalência e fatores sociodemográficos em hipertensos de São José do Rio Preto. *Arquivos brasileiros de cardiologia*, Rio de Janeiro, v. 91, n. 1, 2008. p. 31-35.

COEN, M. Saúde e espiritualidade: reflexões zen-budistas. In: BLOISE, P. (org.) *Saúde integral*: a medicina do corpo, da mente e o papel da espiritualidade. São Paulo: Senac, 2011. p. 317-343.

DAHLKE, R. *A doença como símbolo*: pequena enciclopédia de psicossomática. Sintomas, significados, tratamentos e remissão. Tradução de Saulo Krieger. São Paulo: Cultrix, 2000. 336 p.

_____. *A doença como linguagem da alma*: os sintomas como oportunidades de desenvolvimento. Tradução de Dante Pignatari. São Paulo: Cultrix, 2007. 327 p.

DETHLEFSEN, T.; DAHLKE, R. *A doença como caminho*: uma visão nova da cura como ponto de mutação em que um mal se deixa transformar em bem. Tradução de Zilda Hutchinson Schild. 1. ed. São Paulo: Cultrix, 2007.

DONATO, A. F.; ROSENBURG, C. P. Algumas ideias sobre a relação Educação e Comunicação no âmbito da Saúde. *Saúde e sociedade*, [s.l.], v. 12, n. 2, jul.-dez. 2003. p. 18-25.

DOSSEY, L. *Espaço, tempo e medicina*. Tradução de Paulo Sérgio de Oliveira. 9. ed. São Paulo: Cultrix, 2000. 280 p.

_____. *Reinventando a medicina*: transcendendo o dualismo mente--corpo para uma nova era de cura. Tradução de Milton Chaves de Almeida. 10. ed. São Paulo: Pensamento-Cultrix, 2007. 208 p.

DOSSEY, L. *A cura além do corpo*: a medicina e o alcance infinito da mente. Tradução de Gilson César Cardoso de Sousa. 11. ed. São Paulo: Pensamento-Cultrix, 2012. 327 p.

_____. *O poder da oração que cura*: como a fé pode ajudar o corpo e a mente a vencer as doenças. Tradução de Carolina Caires Coelho. Rio de Janeiro: Agir, 2015. 222 p.

EUNICE, I. M. *Cura das feridas interiores*. 23. ed. São Paulo: Canção Nova, 2007. 103 p.

FIGUERAS, A. *Pequeñas grandes cosas*: tus placebos personales. Barcelona: RBA Revistas, 2012. 162 p.

GOLEMAN, D. Emoções perturbadoras e gratificantes: impactos sobre a saúde. In: _____. (org.). *Emoções que curam*: conversas com o Dalai Lama sobre mente alerta, emoções e saúde. Rio de Janeiro: Rocco, 1999. p. 43-58.

_____. *Inteligência emocional*: a teoria revolucionária que redefine o que é ser inteligente. Rio de Janeiro: Objetiva, 2012. 383 p.

GONTIJO, E. R. de C. *Filhos de Maria*: uma devoção masculina em torno à reza do terço. 2011. 110 f. Dissertação (Mestrado em Ciências das Religiões) – Pontifícia Universidade Católica de Minas Gerais, Belo Horizonte, 2011.

GOSWAMI, A. *O médico quântico*: orientações de um físico para a saúde e a cura. Tradução de Euclides Luiz Calloni e Cleusa Margô Wosgrau. São Paulo: Cultrix, 2006. 288 p.

GOTTFRIED, R. A. Perspectivas judaicas de saúde enfermidade: healing e espiritualidade. In: BLOISE, P. (org.). *Saúde integral*: a medicina do corpo, da mente e o papel da espiritualidade. São Paulo: Senac, 2011. p. 346-365.

GRÜN, A. *Tranquilidade do coração*: em harmonia consigo mesmo. Tradução de Milton Camargo Mota. São Paulo: Loyola, 2004. 142 p.

_____. *Reencontrar a própria alegria*. Tradução de Milton Camargo Mota. São Paulo: Loyola, 2005. 117 p.

_____. *Eucaristia*: transformação e união. Tradução de Inês Antônia Lohbauer. São Paulo: Loyola, 2006a. 75 p.

_____. *Jesus e suas dimensões*. Tradução de Carlos Almeida Pereira. Campinas: Verus, 2006b. 191 p.

GRÜN, A. *Fontes da força interior*: evitar o esgotamento, aproveitar as energias positivas. Tradução de Lorena Kim Richter. Petrópolis: Vozes, 2007. 168 p.

_____. *Se quiser experimentar Deus*. Tradução de Carlos Almeida Pereira. 6. ed. Petrópolis: Vozes, 2011a. 173 p.

_____. *Sonhos de vida*: guia para a felicidade. Tradução de Vilmar Schneider. Petrópolis: Vozes, 2011b. 112 p.

_____. *A oração como encontro*. Tradução de Renato Kirchner e Jairo Ferrandin. 10. ed. Petrópolis: Vozes, 2012. 148 p.

_____. *O céu começa em você*: a sabedoria dos padres do deserto para hoje. Tradução de Renato Kirchner. 22. ed. Petrópolis: Vozes, 2014a. 141 p.

_____. *O poder da decisão*: na vida, nos relacionamentos, no trabalho e no cotidiano. Tradução de Monika Müller. Petrópolis: Vozes, 2014b. 173 p.

_____. *Reconciliar-se com Deus*: curando as feridas da alma. Tradução de Mário Augusto Queiroz Carvalho. Petrópolis: Vozes, 2014c. 192 p.

_____. *O tratamento espiritual da depressão*: impulsos espirituais. Tradução de Gabriela Freudenreich. 4. ed. Petrópolis: Vozes, 2014d. 184 p.

GRÜN, A.; ASSLÄNDER, F. *Trabalho e espiritualidade*: como dar novo sentido à vida profissional. Tradução de Vilmar Schneider. Petrópolis: Vozes, 2014. 183 p.

GRÜN, A.; MÜLLER, W. *A alma*: seu segredo e sua força. Tradução de Edgar Orth. 2. ed. Petrópolis: Vozes, 2010. 247 p.

GUIMARÃES, H. P.; AVEZUM, A. O impacto da espiritualidade na saúde física. *Revista de Psiquiatria Clínica*, São Paulo, n. 34, p. 88-94, 2007. Suplemento, 1.

JAVARY, C. *A cura*: quando a salvação toma corpo. Tradução de José Augusto da Silva. Aparecida: Santuário, 2014. 165 p.

LAMBERT, Y. *O nascimento das religiões*: da pré-história às religiões universalistas. Tradução de Mariana Paolozzi Sérvulo da Cunha. São Paulo: Loyola, 2011. 518 p.

LANDEIRA-FERNANDEZ, J.; CRUZ, Antônio Pedro de Mello. Medo e dor e a origem da ansiedade e do pânico. In: LANDEIRA-FERNANDEZ, J.; SILVA, M. Teresa Araújo (orgs.). *Intersecções entre psicologia e neurociências*. Rio de Janeiro: MedBook, 2007. p. 217-240.

LEMOS, F. *Religião e masculinidade*: identidades plurais na modernidade. Santo André: Fortune, 2009. 168 p.

LOBO, A. L. G. S. *Religiosidade e sintomatologia depressiva*: influência do nível de escolaridade nesta relação e da ruralidade na vivência religiosa. 2012. 56 f. Dissertação (Mestrado Integrado em Psicologia) – Faculdade de Psicologia, Universidade de Lisboa, Lisboa, 2012.

LORENZINI, R.; SASSAROLI, S. *Quando o medo vira doença*: como reconhecer e curar fobias. São Paulo: Paulinas, 2000. 111 p.

LOTUFO NETO, F. Religião, psicoterapia e saúde mental. In: ABREU, C. N. de; ROSO, M. et al (orgs.). *Psicoterapia cognitiva e construtivista*: novas fronteiras da prática clínica. Porto Alegre: Artmed, 2003. p. 289-301.

LUBICH, C. A Eucaristia faz Igreja. In: ARAÚJO, A.; PINTO, R. (orgs.). *Eucaristia*: caminho para uma nova humanidade. Vargem Grande Paulista: Editora Cidade Nova, 2010. p. 23-34. (Coleção Em Busca da Fé).

MACHADO, A. E. S. *O papel de Deus na cura*: segundo Viktor Frankl. São Paulo: Ideias e Letras, 2013. 111 p.

MARINO JR., R. *A religião do cérebro*: as novas descobertas da neurociência a respeito da fé humana. São Paulo: Gente, 2005. 169 p.

MARQUES, I. F. A saúde e o bem-estar espiritual em adultos porto-alegrenses. *Psicologia, Ciência e Profissão*, Brasília-DF, v. 23, n. 2, jun. 2003. p. 56-65.

MENDES, M. *A oração em línguas*. 32. ed. São Paulo: Canção Nova, 2007a. 116 p. (Coleção Dons do Espírito).

_____. *A vida no poder do Espírito Santo*. 43. ed. São Paulo: Canção Nova, 2007b. 103 p. (Coleção Dons do Espírito).

_____. *Dons de ciência e sabedoria*. 20. ed. São Paulo: Canção Nova, 2008. 124 p. (Coleção Dons do Espírito).

_____. *O dom da cura*. 20. ed. São Paulo: Canção Nova, 2010. 248 p. (Coleção Dons do Espírito).

_____. *Dons de fé e milagres*. 16. ed. São Paulo: Canção Nova, 2011. 165 p. (Coleção Dons do Espírito).

MOREIRA-ALMEIDA, A.; LOTUFO NETO, F.; KOENIG H. G. Religiosidade e saúde mental: uma revisão. *Revista Brasileira de Psiquiatria*, São Paulo, v. 28, n. 3, set. 2006. p. 242-250.

MUNIZ, C. C. et al. Identificando elementos na relação entre fé e cura. *Temas em Saúde*, [s.l.], n.1, 2005. p. 18-24. Edição especial.

NAVAS, C.; VILLEGAS, H.; HURTADO, R.; ZAPATA, D. La conexión mente-cuerpo-espíritu y su efecto en la promoción de la salud en pacientes oncológicos. *Revista Venezolana de Oncología*, Caracas, v. 18, n. 1, mar. 2006. Disponível em: <http://www.scielo.org.ve/scielo.php?script=sci_arttext&pid=S0798-05822006000100006&lng=es&nrm=iso>. Acesso em: 30 ago. 2015.

NEWBERG, A.; WALDMAN, M. R. *Como Deus pode mudar sua mente*: um diálogo entre fé e neurociência. Tradução de Júlio de Andrade Filho. São Paulo: Prumo, 2009. 367 p.

NOGUEIRA, M. E. O.; LEMOS, S. M. L. *Tecendo o fio de ouro*: itinerário para o autoconhecimento e a liberdade interior. 12. ed. Aquiraz: Shalom, 2013. 591 p.

NOVA Bíblia Pastoral. São Paulo: Paulus, 2014.

OLIVEIRA, G. *Frei Damião*: o santo das missões. São Paulo: FTD, 1997. 160 p.

OMARTIAN, S. *O poder de uma vida de oração*. Traduzido por Cecília Eller. São Paulo: Mundo Cristão, 2012. 288 p.

PADRE Ibiapina a caminho da beatificação. *VIDA Pastoral*, p. 21-26, jul.--ago. 1995. Disponível em: <http://www.vidapastoral.com.br/artigos/entrevistas/padre-ibiapina-a-caminho-da-beatificacao/>. Acesso em: 14 jul. 2016.

PADRE Zezinho. Os católicos e o milagre. *Site oficial*. Disponível em: <http://www.padrezezinhoscj.com/wallwp/archives/2595>. Acesso em: 28 ago. 2015.

PASQUOTO, A. *Razão e fé*: reflexões para uma fé adulta. Aparecida: Santuário, 2015. 144 p.

PEREIRA, V. N. de A. *Religiosidade em indivíduos hipertensos de uma unidade do Programa Saúde da Família de Pedras de Fogo-PB*. 2013. 179 f. Dissertação (Mestrado em Ciências das Religiões) – Universidade Federal da Paraíba, João Pessoa, 2013.

_____. *Medicina e espiritualidade*: a importância da fé na cura de doenças. Aparecida: Santuário, 2015. 192 p.

PEREIRA, V. N. de A.; KLÜPPEL, B. L. P. Atenção religiosa na prática clínica: estratégia na hipertensão arterial. In: BARRETO, A. F.; BARROS, N. F. (orgs.). *Práticas integrativas em saúde*: proposições teóricas e experiências na saúde e educação. Editora Universitária, UFPE, 2014. p. 293-308.

PERES, J. F. P.; SIMÃO, M. J. P.; NASELLO, A. G. Espiritualidade, religiosidade e psicoterapia: revisão de literatura. *Revista de Psiquiatria Clínica*, São Paulo, v. 34, 2007. p. 136-145. Suplemento 1.

PONTES, F. Eu sou ateia, mas acredito em milagres. Época, nov., 2012. Disponível em: <http://revistaepoca.globo.com/Sociedade/noticia/2012/11/jacalyn-duffin-eu-sou-ateia-mas-acredito-em-milagres.html>. Acesso em: 28 ago. 2015.

PRANDI, R. Axé, corpo e almas: concepção de saúde e doença segundo o Candomblé. In: BLOISE, P. (org.). *Saúde integral*: a medicina do corpo, da mente e o papel da espiritualidade. São Paulo: Senac, 2011. p. 277-293.

PUNSET, E. *Por qué somos como somos*. Madri: Aguilar, 2008. 295 p.

QUICENO, J. M.; VINACCIA, S. La salud en el marco de la psicología de la religión y la espiritualidad. *Revista Diversitas: perspectivas en psicología*, v. 5, n. 2, 2009. p. 321-336.

RIZZARDI, C. D. do L.; TEIXEIRA, M. J.; SIQUEIRA, S. R. D. T. de. Espiritualidade e religiosidade no enfrentamento da dor. *O mundo da saúde*, São Paulo, v. 34, n. 4, 2010. p. 483-487.

ROCHA, N. S. da; FLECK, M. P. da A. Avaliação de qualidade de vida e importância dada a espiritualidade/religiosidade/crenças pessoais (SRPB) em adultos com e sem problemas crônicos de saúde. *Revista de Psiquiatria Clínica*, v. 38, n. 1, 2011. p. 19-23.

ROSADO-NUNES, M. J. Gênero e religião: dossiê. *Revista Estudos Feministas*. Florianópolis, v. 13, n. 2, ago., 2005. Disponível em: <http://www.scielo.br/scielo.php?pid=S0104026X2005000200009&script=sci_arttext&tlng=es>. Acesso em: 11 maio 2013.

SALZBERG, S.; KABAT-ZINN, J. A mente alerta como medicamento. In: GOLEMAN, D. (org.). *Emoções que curam*: conversas com o Dalai Lama sobre mente alerta, emoções e saúde. Tradução de Cláudia Gerpe Duarte. Rio de Janeiro: Rocco, 1999. p. 123-164.

SANCHEZ, W. Saúde espiritual na tradição espírita. In: BLOISE, P. (org.). *Saúde integral*: a medicina do corpo, da mente e o papel da espiritualidade. São Paulo: Senac, 2011. 433-451p.

SANTOS, A. A. *Frei Galvão*: o primeiro santo brasileiro. São Paulo: Petrus, 2007. 125 p.

SAVIOLI, R. M. *Curando corações*. São Paulo: Gaia, 2004. 156 p.

_____. *Fronteiras da ciência e da fé*. São Paulo: Gaia, 2006. 175 p.

_____. Oração e cura: fato ou fantasia? *O Mundo da Saúde*, São Paulo, v. 31, n. 2, abr/jun. 2007. p. 281-289.

SAYD, J. D.; MOREIRA, M. C. N. Medicina baseada em evidências: Ceticismo terapêutico, recorrência e história. *Physis*: Revista de Saúde Coletiva, Rio de Janeiro, v. 10, n. 1, 2000. p. 11-38.

SOARES, A. M. L. Saúde espiritual na tradição católica. In: BLOISE, P. (org.). *Saúde integral*: a medicina do corpo, da mente e o papel da espiritualidade. São Paulo: Senac, 2011. p. 367-396. 458 p.

SOUZA, O. T. de. Fé e trabalho: a ação missionária do padre Ibiapina na cidade do Crato e Vila de Barbalha-CE (1864-1870). *Revista Brasileira de História das Religiões*, Maringá, v. 3, n. 9, jan. 2011. Disponível em: <http://www.dhi.uem.br/gtreligiao/pub.html>. Acesso em: 14 jul. 2016.

TADEU, Pe. F. *O plano de Deus*: aceite o chamado para a cura interior. São Paulo: Gente, 2015. 223 p.

VAILLANT, G. E. *Fé*: evidências científicas. Barueri: Manole, 2010. 249 p.

VALE, N. B. Analgesia adjuvante e alternativa. *Revista Brasileira de Anestesiologia*, Campinas, v. 56, out. 2006. Disponível em: <http://www.scielo.br/scielo.php?script=sci_arttext&pid=S00347094200600 0500012&lng=en&nrm=iso>. Acesso em: 31 maio 2011.

VAN THUAN, F. X. N. O povo da esperança. In: ARAÚJO, A.; PINTO, R. (orgs.). Eucaristia: caminho para uma nova humanidade. Vargem Grande Paulista: Editora Cidade Nova, 2010. p. 81-90. (Coleção Em Busca da Fé).

VICELMO, A. Missão de Pe. Ibiapina no Cariri faz 145 anos. *Diário do Nordeste, 2 jan. 2010. Última hora*. Disponível em: <http://diariodonordeste.verdesmares.com.br/cadernos/regional/missao-de-pe-ibiapina-no-cariri-faz-145-anos-1.67416110>. Acesso em: 14 jul. 2016.

WALLACE, B. A. *Mente em equilíbrio*: a meditação na ciência, no budismo e no cristianismo. Tradução de Mário Molina. São Paulo: Cultrix, 2011. 272 p.

WIKIPEDIA. *Padre Ibiapina*. Disponível em: <https://pt.wikipedia.org/wiki/Padre_Ibiapina>. Acesso em: 17 jul. 2016.

A marca FSC® é a garantia de que a madeira utilizada na fabricação do papel deste livro provém de florestas que foram gerenciadas de maneira ambientalmente correta, socialmente justa e economicamente viável.

Este livro foi composto com as famílias tipográficas Magnolia Script e Adobe Garamond e impresso em papel Offset 63g/m² pela **Gráfica Santuário.**